Editora do Carmo

Os trilhos da Mente

Anderson Rodrigues
27/06/2016

Os trilhos em que a mente percorre   Anderson Rodrigues

www.editoradocarmo.com

Os trilhos em que a mente percorre
Anderson Rodrigues
2016
Editora do Carmo

Programação Visual Evan do Carmo
Arte da capa Evan do Carmo
Revisão Evan do Carmo

Os trilhos da Mente / Anderson Rodrigues
– Brasília 2014.
85 p.

1. Literatura, Brasil 1. romance I. Título
2.

ISBN-13: 978-1535083515 ISBN-10: 1535083514

Composto e impresso no Brasil
Printed in Brazil

Estação Imperatriz Leopoldina, soou a voz rouca e psicodélica do maquinista por entre os alto-falantes propagando-se pelo vagão. Para alguns a chance de se acomodar melhor sentando na cadeira, para poucos o fim, o destino final, ou o que quer que seja; e para os que chegavam, forçosamente o começo da jornada, para os que deixaram o carro em casa pelo rodízio diário saem e seu conforto. Para um rapaz, assim o chamou uma senhora sua atenção, para que cedesse o inestimável assento para os idosos que tentava fugir do caos do trânsito. Um acidente horrível, como todos os dias. Podemos mensurar que é notável até pra um daltônico saber a quais assentos são indicados para os idosos, pela cor azul oceano índico. O que uma empresa que fornece a tinta para a empresa que fabrica os assentos nomeou assim.

Aos meus olhos o indivíduo esta mais pra um homem de trinta e cinco anos e a senhora que bondosamente referiu-se a ele como um rapaz tem no mínimo setenta, Ela ainda fala com o suposto rapaz ou para si mesma, qualquer ladainha (!) que não o incomoda por ele estar absorto em seus pensamentos, autômato, responde sorrindo umas palavras que não podemos ouvir. Esta em pé, fixado pela perna direita, conservando a esquerda que já se cansara. Tem no rosto uma expressão serena de um sonhador. Pode ele ser um escritor; ou mesmo um filósofo? Dizemos isso não pela expressão em sua face, todavia, os livros que dolorosamente carrega. Uma variação em títulos e autores; dos mais conceituados à uns que nem imaginamos qual seja. Como quando vamos a um sebo e procuramos algo interessante para passar os dias ou algumas horas, depende da necessidade. Outros, porém, procuram para nutrir o conhecimento, a linguagem, e nas prateleiras encontramos uma porção de nomes estranhos com títulos redundantes em suas metáforas pseudo inteligentes. Parece que ele encontrou um desses, estamos longe e é difícil definir, mas parece algo em acerca de *"Os trilhos em que nossa mente percorre"* imaginamos do que pode tratar isso? Em primeira impressão e análise poderíamos escolher a psicologia, parece estar mesmo ligado à autoajuda se pudesse saber quem é o autor talvez ajudasse. O mais estranho, por assim dizer, é não usar coincidência ou desígnio. E que se ainda não notaram, estamos num trem, e, é muito conveniente o titulo se intitular *"os trilhos que nossas mentes percorrem, percorre"*, tanto faz, nem sabemos se é esse mesmo o nome, a página esta marcada, ele já andou lendo esse livro, não que ele o lê andando, nem sabemos ao certo o nome que isso tem na gramática ou tenha algo na gramática comparativa. Talvez seja uma catacrese, ou somente uma redundância estúpida, devíamos ao menos ter um conceito e um conhecimento prévio para escrever um relato, mas como não temos.

Consequentemente perdemos alguns pormenores importantes para que deixemos a estória mais melhor de boa. Nem sei por que o uso do plural para construir esse enredo, já que escrevo isso sozinho, no trem, com solavancos que interrompem periodicamente meus pensamentos o efeito de escrever; o maquinista esta nos dizendo, nos, porque no vagão há diversas pessoas, a estação em que paramos, outro amontoado de pessoas entram como vacas e bois em um curral, procuram um lugar para se acomodar, e o nosso suposto rapaz ainda permanece em seus pensamentos como se não houvesse outra coisa nesse maldito mundo, nem ao menos um olhar ao redor pra ver quem chegou ou saiu.

Ele se recorda ou pensa, define uma ideia ou é apenas demente? Seus olhos se encontram aos da velha sentada que reclama. Ele a vê sua medíocre vida, setenta anos e andado pra lá e pra cá numa cidade enorme com pessoas insensíveis que não se importam com os assentos azul oceano indico, nem pra aquelas filas enormes onde todos se conhecem e relatam a vida um do outro. Comentam sobre as notícias aterrorizantes do jornal sensacionalista. Uma semana era a moça que se suicidara atirando-se do auto de um prédio, noutra, um indivíduo que reclamava sua bonificação da loteria, mas que perdera o bilhete lavando junto ás roupas, tudo para adquirir a medicação, porque ela sofre depressão congênita e não tem dinheiro suficiente que sustente sua vida com remédios caros, se fosse apenas isso estaria bom, mas ela tem também tem gastrite, e pelo modo que ela tosse; gripe; pneumonia e tuberculose. Não se sabe ao certo. Tem algum doutor por essas bandas?

Como se não bastasse ela tem filhos, muitos filhos, diversos filhos de diversos casamentos, que não foram constituídos burocraticamente, uma noite aqui, outra não sei onde, foi assim. Filhos são ingratos; imaturos e desgraçados, como ela mesma se refere a eles. Não fazem nada além de roubar as carteiras dos transeuntes na cidade. Pedir esmola, malabares nos semáforos e as vezes vender alguns chocolates roubados no trem, se vão para a escola não sabe. É uma vida miserável que tem, teve e terá seu prognóstico. Como pode ele ver sua vida, vê também sua morte, num desses trilhos que passamos, agora, caída na plataforma desmaiada por que não conseguira e não tivera paciência para esperar angustiosamente na fila dos remédios de auto custo, deixara de tomar por um dia e, fora o suficiente para acarretar sua morte. Destroçada[....] pelo trem, nem sobrara partes de seu corpo reconhecíveis para o exame no instituto medico legal. Realmente, quem pensa nessas coisas só deve ser um doente mental. Temos tantos problemas para serem resolvidos e pensados. Como pagaremos as contas; como educaremos nossos filhos melhor, em que candidato votar nessas eleições, lembrar que tínhamos esquecido alguma coisa: O rapaz fica a imaginar a vida e morte de uma senhora pobre. Desdentada, humilde e doente. Filósofo? Escritor? Escritor filósofo? Filósofo escritor? Se admitirmos filósofo há que aderir-lhe uma personalidade forte e presunçosa, porque assim são a maioria da casta, auto intitulam na sociedade como os promotores excepcionais do pensar. Vangloriam-se por autodenominarem-se vilipendiados. Cultuam a si próprios! Valorizam incompativelmente irrealmente o superego. Eis o que são de fato: contraditórios em suas redundâncias. Melancólicos por natureza: escritores, filósofos, poetas e artistas. Já diria um filósofo qualquer! Vemos nos olhos do rapaz, que não é filósofo, não porque não seja de fato, mas por acharmos, depois dessas constatações a insignificância de o Ser. Os filósofos brindariam o vinho, contentes ficariam com esse apontamento.

Cá entre nós eles também sofrem, como se não bastasse, de uma doença crônica intitulada pelos padres da era moderna: complexo de inferioridade.

Seria contradição dizermos isso, já que são tão sagazes em suas singularidades, mas como também já verificamos, e isso deixa o relato pobre em vocabulário: contraditórios em suas redundâncias.

Empobrecendo ainda mais: Vemos em seus olhos a efemeridade de um raciocínio, a doença da velha poderia não ter provocado sua morte, talvez ela não só, tenha esperado às três horas costumeiras na fila de espera do SUS. Talvez seu dia tenha começado à dois dias... Quando recebera a notícia de que um dos filhos tenha sido flagrado discutir e empurrar a morte um pedestre viaduto abaixo, testemunhas afirmaram terem visto o assassinado ceder sua carteira antes de ser jogado na via, ainda estava vivo, até um caminhão tentar desvencilhar e chocar-se com dezenas de pessoas, num ponto de ônibus, quatro delas morrera de súbito, mas não fora o bastante para parar o veículo que ainda desenfreado voltara para o fluxo colidindo com carros, como num efeito dominó, os que viam atrás chocavam-se com os da frente, e seu filho vivenciando tudo lá de cima, por um momento compreendeu a beleza na destruição, todos os gritos de agonia e desespero, o fogo que ardia na pele, a fumaça que parcialmente deixava invisível os caminhos para aqueles que ainda vivos tentavam fugir do inferno, as buzinas estrondosas juntas como uma orquestra num espetáculo fúnebre sessavam lentamente com a fumaça esvaecendo aos poucos, via-se nitidamente o sangue inocente marcar o asfalto negro, o que era carro, agora é um amontoado de ferro retorcido ensanguentado, um perfeito genocídio, involuntário, por um momento sentiu-se deus, mas lembrou- se do homem que discutira e queria jogar-se abaixo porque nada na vida fazia sentido, cedera sua carteira, junto uma carta para que o filho da velha entregasse para quem quisesse saber a causa do suicido, gritara qualquer coisa e pulara viaduto abaixo. A polícia o cercava agora, as pessoas o apontava com um dos dedos, e fez-se saber que o suicida era o deus, pensou o primogênito da velha, porque assim deus costuma agir, atribui seu erro a um punhado de idiotas e por sua vez os idiotas aceitam vangloriados serem feitos de fantoches para que assim seja feita vossa vontade, assim em mortes como em ressurreições, do doar involuntário um filho à desgraça, como provar lealdade humana através da enfermidade com o propósito único de medir poder através de uma mania infantil típica dos deuses em jogatinas. Contrariando vossos mandamentos, apostando humanos como quem apostos dinheiro. O céu deve estar deserto, a não ser por Jó, fiel mandatário, e por alguma meia dúzia de anjos, entre eles os mais renomados e requisitados por cá, serafins, ao pé da letra já dizia o dito popular, abrasar, queimar ou se não contentes ainda, consumir. Diabos desculpem-me a expressão, como podem anjos, seres divinos, lindos a todos os olhos, mensageiros do deus, denominarem-se abrasadores, queimadores, e consumidores? Só deus sabe, diria mais uma vez a sábia popular. São pensamentos em que nós temos a audácia de lermos em seu olhar distante, a carnificina gerada mesmo involuntariamente por um estranho, mas associado ao filho da velha causou mais uma morte, e a dela mesma, dor psicossomática, náusea moral, vertigem e, um trem a todo vapor, geram mortes instantâneas. Esclareceu-se então a morte da velha que encontra-se em sua frente, falando ainda bobagens que ele já sabe de cor.

O suposto rapaz e sua imaginação trágica contrastam com a bela garoa que cai junto ao vento dançando harmoniosamente lá fora. E tudo parece enfeixar só, o frio acolhedor que pede atenção, as conversas serenas como que em respeito à envolvente manifestação da natureza, o rítmico solavancar do trem. Mas que ainda serenamente forme gorjeios. Difícil imaginar humanos como se encontram agora, cada um absorto em seus próprios problemas, em seus próprios pensamentos, em sua intimidade, porém ainda que silencioso, assim são feitas as mais singelas manifestações, o respeito mútuo, certa alteridade reinam sobre onde estamos o modo de cada olhar o próximo, chega a ser constrangedor, por que a vergonha é um estado psicológico que omite o verdadeiro sentimento, e as pessoas dão-se por saber de tudo isso, sabem o que sentem e sabem que se faz recíproco. Talvez o ambiente, o clima, o que quer que seja proporcione esse raro acontecimento. O silêncio é quebrado por um trem que passa por nós no sentido oposto dos trilhos em que nosso trem percorre, um reboliço e um estado de amargura tomam-nos por inteiro, tudo que fora proposto e intenso, agora já não é mais, nem chegaria a ser se não houvesse sido escrito. Agora surge nas mentes, como podemos ver, porque temos esse dom, toda mediocridade do simples pensar, imaginar, humano, se é que existe, não fora nem provado, e se fosse seria suspeito, o pensar animal não humano, podemos descrevê-los como inanimais? É de fato uma presunção asquerosa que podemos deixar para quem vive disso, os filósofos. Surgem as mesmas questões corriqueiras e metodológicas em cada um presente nesse trem, não vamos aqui descrever todo pensamento de cada um, pra isso existe uma ciência astuta que pode examinar isso melhor, e até poupa-nos o tempo, e por isso mesmo ela fora criada, chamada estatístico-econômica, melhor, não seria o termo correto, até porque eles apenas pegariam um aqui e outro acolá, far-lhes-iam as mesmas questões e anseios, como se todos fossem os mesmos, calculariam e então dariam o veredito e surgiria, por conseguinte uma verdade incontestável momentânea, que podemos até imaginar, noventa por cento dos usuários de trem pensam significativamente em que horas chegarão ao seus lares, trabalhos ou algum lugar específico. Cinco por cento em futebol; três por cento em quem ficará com a mocinha na novela, e os dois por cento restantes, desculpem-me o termo, em merda nenhuma, dormem ou são incapazes de um raciocínio lógico por serem e ou estarem eles bêbados, drogados ou simplesmente, como se fosse simples, senis. Finalmente, após toda essa descrição chata e tediosa, que por sinal levou um tempo razoavelmente longo, o suposto rapaz, em um milésimo de segundo parece voltar a si e percebe-se materialmente no mundo, olha ao redor como que envergonhado por ter passado suas férias pensantes de praia deserta e ula ula , até mesmo recrimina-se por pensar isso, afinal, quem são essas pessoas para julgá-lo? Nós ao menos temos esse privilégio e ele devia até nos agradecer, por fazê-lo existir perante todos aqueles que lerão essas páginas, o suposto rapaz pode até ficar famoso, ou encontrar uma namorada, já que em seus dedos constatamos que há uma mancha esbranquiçada de uma aliança que ficara por algum tempo e que os raios ultravioletas se dão ao trabalho de queimar vagarosamente.

Pode ele ter esquecido a aliança, não há como saber de tudo também, caso o contrário, as mulheres que interessarem-se ou os homens, também não sabemos sua preferencia sexual, ele até que é boa pinta, como diriam os jovens, se é que dizem isso ainda, têm os cabelos de um preto artificial. Tudo bem há que se relevar, mas ganha um ponto por vaidade, o rosto com uma expressão madura, a face tem rugas? Têm, alguns diriam que é a experiência, outros cientificados que quanto mais rugas, mais inteligente o indivíduo é, enfim, se o deixa belo ou não, os filósofos agora ficariam a espreita esperando uma contradição de nossa parte, devem eles estar magoados e ao mesmo tempo lisonjeados, mas infelizmente pra eles, não vamos aqui criar juízos, deixemos por ventura alguém presente nesse trem aborde o rapaz e diga na cara dele e desses filósofos se ele é ou não?! Belo. Será esta a ocasião? E tão depressa? Alarme falso é apenas um vendedor de balas e amendoins. - Dois por um. Disse o vendedor. Não obrigado, nosso suposto rapaz. Fim.

Único diálogo até então, sendo que direcionado pra aqueles que quisessem ouvir, e termina dessa forma, droga! Como foi irrelevante! Pensávamos que seria diferente, afinal quem é que não quer saber se o nosso suposto rapaz é belo? Só uma pessoa alheia à dissertação e aos conflitos internos   na própria dissertação poderia fazer isso, mas não, era apenas um vendedor "idiota". Deixemos esses pormenores ridículos pra lá, atentemo-nos ao trem, o vendedor ainda oferece aos passageiros suas balas e amendoins, há pessoas que dormem seus sonos de beleza, o suposto rapaz desajeitado com seus livros todos cambaleia, parece até um espetáculo à parte, a expectativa de que ao próximo solavanco vá tudo aos ares, semelhante à sensação de quando vamos ao circo, esperando o malabarista cair e quebrar a clavícula, o fêmur, ou mesmo o pescoço. Ou o leão arrancar a cabeça de seu adestrador, ou ainda o circo pegar fogo, a plateia ao desespero procurar a saída atropelando uns aos outros, o palhaço sendo finalmente engraçado tentando apagar o fogo de sua peruca ainda na cabeça e nós sentado comendo amendoins, cortejando o momento. A máxima popular diria já nem tudo são rosas flores ou arbustos, ervas daninhas(?) por isso meus amigos, não haverá espetáculo, o suposto rapaz mesmo estouvado não importa-se em nos decepcionar, entretanto ele acomoda-se a nos prestigiar com mais um de seus devaneios que muitas pessoas diriam ser louco, maluco, delinquente, senil, doidos, insensato, arrebatado, temerário, imprudente, alienado. Ele timidamente e com medo,

11

muda os livros de braço, uma mulher, parece incomodar-se por ele estar no estado de cautela, sabe-se lá porque... o olhar de um modo peculiar que o nosso suposto rapaz interpreta como um oferecimento de ajuda. Ele tem que virar-se em si mesmo. Esperava tanto uma ajuda alheia, que não consegue reprimir um sorriso torto de alívio daqueles de descarregamento! Eu sabia, ainda há humanidade na humanidade! Ao terminar a volta, que pareceu levar três dias, temos que deixar claro, não foi minucioso, poremos em números para ficar impressionante, ele têm nos braços cerca de seis livros didáticos grandes mesmo, um dicionário gordo de sinônimos e antônimos; alguns romances,; entre eles aquele que já apontamos, se é que seja um romance.

Agora que impressionamo-nos não só pela quantidade dos livros e o desajeitamento inevitável do suposto rapaz em carregá-los, tem ainda uma bolça ou mala preta que permanece no chão, porque ele á pegou, não sabíamos, até então, se pertencia à ele, ou se era uma bomba que algum terrorista maluco deixou. Cremos não ter sido relevante tratar da tal mala ou bolça, em suma, temos que nos abismar com a generosidade das pessoas, entre trinta delas, apenas uma, e ela teve que se irritar pra oferecer supostamente ajuda, já que fora uma interpretação do mesmo, realmente, comovente a humanidade, até acentua de forma majestosa a descrição lá de cima, lembra? Do frio aconchegante, as pessoas em estado pleno de amizade. Que lindo! Agora que ele completou a volta, seus olhos encontram-se aos dela, depois claro de olhar seus seios fartos, em sua mente surgem pensamentos aleatórios e frenéticos, buscando saber quem é ela, de onde é, porque ofereceu ajuda, nesse meio tempo, e há meio tempo? Os filósofos bem que poderia nos ajudar, mas não precisamos, porque sabemos que é apenas uma expressão muito popular, ele já cedeu seus pesados livros, e pronunciou o obrigado, obrigatoriamente em acordo com a moral vigente, junto à etiqueta que aprendera ao longo de sua vida. Ela apenas fez-lhe um olhar consentido, demasiado interrogativo e voltou pro seus pensamentos que pareciam mais interessantes, como se nem o houvesse visto.

Não pode ele deixar de notar uma angustia em seu olhar, o bastante para ingressar-se em sua vida, em flash simultâneos como fazem nos filmes, pra retratar de forma gradual o passado-presente
-futuro, tudo misturava-se em discórdia, freneticamente. Idas e vindas.

Beijos e abraços.

Lágrimas de ódio e tristeza. Manias.

Circunstancias. Ocasiões.

Despedidas. Alegrias.

Atos e gestos. Reuniões.

Gruyére. Trabalhos.

Expressões manifestas. O olhar para o relógio.

Experimentar uma peça de roupa. Contar as horas.

Os dias.

Eventualidade ansiada.

Musica. Limpar o lar. A espera.

O sussurro. Volúpia.

Cozinhar. Sorriso. Viagens. Chinói.

Tirar os cabelos dos olhos. A infância.

Lembranças. As dúvidas. Esperança. As súplicas Fé.

Andar.

Corredor sombrio para a varanda na calada da noite. O silêncio.

Anseio. O surto.

O trem e seu solavancar periódico arrebatou o olhar do suposto rapaz para com a mulher solidária, aliviando solenemente o delírio eloquente de suas constatações, tão frenesies, que lhe custou suores na testa, com a manga da camisa e a palma da mão enxuga-a, seu rosto expressa como que custasse muito mais, como que tivesse sentido uma dor terrível.

Temos de limpar as lentes dos óculos, o frio cortante junto à massa humana desse trem e a maioria das janelas fechadas faz com que o ar seja espesso, impregna-se o ardor comprimido, perfumes de todas as espécies, formando aromas indefinidos, fedores, odores, colonias, variando interminavelmente entre cigarro, cerveja, cachaça, café, perfumes, shampoo, graxa, gasolina, entre tantos mais, até porque acabamos de mencionar "interminavelmente", nisso cremos nós, seria o suficiente para não nos atermos às peculiaridades, e perder tempo caracterizando e adjetivando todo o odor e ou fedor nesse trem. Façamos assim: dentro aqui calor aglutinado, fedores malditos, odores sensivelmente imperceptíveis, fora lá frio cortante. Consequência: náusea, lentes dos óculos embaçados. Fato consumado, podemos voltar o olhar ao suposto rapaz atento ao movimento do trem que recomeça, após ter parado em mais uma estação, seu destino. Tenta de alguma forma discernir o que esta vendo pelo vidro da janela riscada por pichadores. Velha e já opaca, não é identificável nada por essa janela o que corre junto ao trem lá fora, as árvores, os telhados das velhas fábricas falidas, e suas chaminés, suas arquitetura nostálgicas, por um determinado tempo pareceu recusar-se a se entregar aos seus devaneios e delírios. Chegou mesmo a pensar por que não correspondiam eles a realidade, já que fomos e somos nós mesmos que criamos a mesma, cada ser possui seu próprio conceito do real, quando por um acordo silencioso decidimos abdicar do que acreditamos pelo comodismo de não ter que responsabilizar-se pela realidade que criamos todos os dias, e esse acordo chama-se moral. E por moral temos todo o apreço injustificado escroto e medíocre, cultivando-a e nutrindo-a através da ignorância, da violência, da injustiça, do ser humano. Paradoxos à parte, contradições instaladas, estaria ele moralizando a própria moral? São apenas palavras, e nelas é que encontramos nossos problemas, nelas buscamos o que sentimos, ou no sentido as palavras, ou ainda nas palavras procuramos sentido? Esse é um problema, ou como adorariam adjetivar os filósofos: um enunciado, digno do besteirol dos mesmos. Que fiquem pra eles ou para os adoradores da linguagem, o problema com as palavras, já que são nelas que encontramos toda essa mesmice idiota das enunciações intermináveis, dos discursos infundados, das cretinices filosóficas.

O suposto rapaz tenta concentrar-se apenas no que tenta ver lá fora, mas a maldita janela é como seus pensamentos: cinza. Queria ele, ver o pôr-do-sol, admirar-se com tal acontecimento que se repete todos os dias, mas como todos os dias o sol se põe e as primeiras estrelas aparecem timidamente, os carros percorrem o fluxo ora lento, ora parado, as pessoas procuram o abrigo de seus lares em transportes públicos, apertadas em ônibus, trens e metrôs, sentem o fedor de suas entranhas misturas com o ar seco, úmido de poluição e perfumes, cigarro, cachaça, colônias de aromas, colônia de formigas que são. Conversas alheias, fofocas das celebridades da televisão, o episódio perdido da novela, o resultado da loteria, do futebol, o elemento preso que morava ao lado, a filha com um novo namorado, filha grávida, filha morta, sempre do vizinho. A pressa por chegar, chega à pressa, depressa motorista, o cobrador é lento, não sabe que a passagem aumentou novamente? E quando acorda, são mais que oito horas, uma pra chegar, outra hora e meia pra voltar. Tem dias que sai depois do horário - não importa - também tem de contribuir com esperanças infundadas, comodismo mental, incapacidade de pensar por si só. Escravidão social moderna e com a mesmice do dia à dia. Toma o mesmo ônibus que apesar de não caber, centenas de pessoas também tomam. É preciso tomar mesmo, tomar cuidado, tomar com analgésicos, talvez morfina, mas nos receitaram após as sete, a primeira novela, mais uma dose ou duas com o noticiário nacional, aí enfim, o coma, a overdose, as nove que teimam ser das oito, vai entender... Depois da morte a ressurreição, nem é preciso esperar três dias, acontece no dia seguinte, quando temos de acordar cedo, da noite mal dormida, de mal tomar o café, de mal ver suas crias crescendo, de male tolerante, outro ônibus, outro trem, outro metrô, outra hora, outras horas, oito horas, quarenta e oito horas, multiplicado por seis ou sete, por trinta dias depois, por trezentos e tantos dias mais tarde, é

tarde. O engraçado é que nesse circo somos nós os palhaços por ter de acreditar que a dignidade é adquirida por um trabalho que não nos valoriza, não nos dignifica, não nos torna mais nem menos honestos, mal nos alimenta, pouco veste nossos filhos, despriva a educação, o lazer, a cultura, um trabalho medíocre que acomoda, nas ruas prestações infinitas que cabem no bolso de quem se vende pra comprar. Trabalhamos em todos os lugares, somos nós mesmos que ligamos para o outro dizendo que a última prestação não fora paga, somos nós mesmos que oferecemos um para o outro a chance de se endividar, somos nós mesmos que compartilhamos a desgraça do outro, somos nós mesmos que vendemos, que emprestamos, que viciamos, maltratamos, odiamos, pagamos um para o outro. Somos nós mesmos que fazemos tudo isso e infinitamente mais, não para nós, mas para poucos. E como não fosse o bastante ainda temos o compromisso para com uma figura de mais de dois mil e dezessete anos. Contando o tempo e esperando pelo inexistente. E já o sol se põe e as primeiras estrelas aparecem timidamente, após tudo recomeçar, e não se dão por contemplar suas miseráveis vidas e o belo pôr-do-sol que se oferece magnificamente a nós, graciosamente, mas, atentam-se ao *Fútil e ao Medíocre*, ao que esta ás mãos, fácil e palpável, acomodando-se às crenças infundadas, a passatempos previsíveis, crendo estarem burlando a rotina e ou o que lhe são impostos, quando que a programação que fizera para as férias nas praias de bermudas são pré-programados já, não por vontade própria, mas pelo mesmo sistema que incrivelmente, diga-se infelizmente de passagem, que criara perfeitamente para escravizar e manter o próprio sistema, governo, reino, ditadura, toda forma governamental em suas engrenagens maléficas, favorecendo poucos, e desprovendo, o todo, o povo.

Difícil é mantermos tal relato com efemeridades de pensamentos e observações, quando que o tempo não nos dá à mínima importância, passando ele pelas horas e por nós, deixando-nos a todo momento cada vez mais mortos, ele apenas é, e não há nada nesse mundo que o não faça ser. Disso pode vir também à questão de quem é que o tenha criado e de que tudo que é humano possamos e devemos duvidar, afinal do que o tempo é feito, de espaço? Não! De algo palpável? Também não! Talvez visível, por vermos, consequentemente constatarmos a mudança que há sobre tudo que esta teoricamente vivo, e há isso damos o nome de tempo, e por essa afeição, de nomearmos tudo o que há, e também tudo o que não vemos, tem um grandessíssimo empenho, demos e damos nomes ás coisas sem que elas existam de fato, como o deus, o próprio tempo, do qual nos referimos agora, como também de elementos químicos, físicos, quânticos e tanto o mais que teimam em afirmar de forma veemente sua existência sob e sobre nós, sem que podemos vê-las com os nossos próprios olhos. Desse tempo que dizem existir, o intervalo entre as análises e observações postas, o suposto rapaz perde-se dentro de si mesmo, se para nós que olhamos por fora e tomamos toda a cautela para tornar esse relato ao menos plausível entre o começo, meio e o fim, ou entre os seus pensamentos confusos que se misturam ao caos, tentando nós organizá-los para que se tornem eles algo   relatável, imaginem só como deve ser para ele desacreditar mesmo que temporariamente de todas as coisas, ou pelo menos, algumas das coisas humanas sobrepostas a nós.

Ecoavam no limbo gritos agonizantes de desespero, reluziam pontos coloridos dentro da escuridão, pigmentos fragmentados, desapareciam e ressurgiam como pancadas na cabeça e nos olhos, a dor era latente, terrível, podia senti-la esmagar seu crânio junto ao balaústre, a gritaria não cessava, confundindo-se horrorosamente com risos idiotas ao pranto triste

17

de compaixão. Sentia-se como um pássaro voando ao entardecer junto ás nuvens e aos findados raios do sol. Era trevas agora, a percepção do real, aos poucos e derradeira sobrepunha vagarosamente em sua consciência doente. Foi-se abrindo os olhos e viu-se em braços desconhecidos, percebeu-se fisicamente sobre uma madrugada sem luar, ouviu-se alheios lamentos e pedidos, do céu nenhuma estrela, uma única luz, a da varanda, de onde pulara para a morte, mas sua dor continuava ainda viva, sua vida. O suposto rapaz vira finalmente, o que tentava esconder, nos olhos triste da mulher solidária a angústia de continuar vivendo. Forçou-se por algum tempo não olhar, mas o que sentia era convidativo demais pra não deixar de adentrar-se em sua vida. Pensativo ficou por alguns momentos, tentando conciliar o que vira e o que sentia. Percebeu-se sozinho por todas as pessoas que o rodeiam, reprimido sem poder se expressar, tudo não passaria de um delírio e o julgaria louco, o silêncio era seu reduto e seu limbo, seu domínio e sua fraqueza. E por mais que o trem continue em sua jornada, parece-lhe que jamais chegará a seu destino, vê-se perdido sem saber para onde e porque está indo, não lembra se quer o motivo de estar. E isso pareceu-lhe estranhamente semelhante a algo que tentava recordar, talvez já tivesse sentido antes, talvez tenha ouvido, logo se deu por entender, a mulher solidária e seu triste olhar, fez-se por adentrar-se novamente em sua vida.

Após o incidente infeliz, que rendera-lhe dores na cabeça e musculares, cicatrizes pequenas pela testa. A mulher solidária acorda com os murmúrios da manhã ensolarada de um domingo que promete ser tedioso. Despertara em um sofá desconhecido, por efemeridades momentâneas recorda- se da noite passada, sentindo pontadas na cabeça como agulhas injetadas diretamente em seu cérebro. Leva as mãos na testa e percebe ainda mais dores. Levanta-se e olha a porta que dá acesso à varanda, tenta encontrar seu maço de cigarros na mesinha de centro da sala inutilmente. A casa encoberta por um silêncio perturbador a faz caminhar com cuidado e abrir a porta cautelosamente, afim de não inquietar o sono dos que ainda permaneciam em jazido. Dentre o vão da porta, enclareia-se o dia para a sala que só via escuridão, há que proteger os olhos atordoados de enfado da noite decorrida, clarão que inconveniente se monstra perturbando lhe os pensamentos e ainda lembranças que custam a definirem-se. Tem a perspectiva contrária de onde se vira caída para morte, poucas horas atrás, imagina ver seu próprio corpo inerte no chão, como estivera noite passada, como um dia estará de fato, sem vida e sem dor, longe das mediocridades em que hoje se encontra, por um breve momento amargura-se por não ter concretizado a certeza única de toda e qualquer existência, sente-se inútil, incompetente e idiota por seu fracasso. Tenta de alguma forma não pensar tão profundamente, por estar fraca e confusa, para que não se leve a cometer o mesmo ato, apesar de o querer, como jamais quisera.

Inconsciente debruça-se sobre o balaústre da varanda, adstringe seus olhos protegendo-os do sol, sente-se ligeiramente tonta a ponto de cair novamente, quando em seus ombros uma mão leve, mas que a contrai com força para trás percebe a ameigar. Com seu carisma habitual, confuso e apaziguador. Um cigarro na outra mão à oferece em resignação, querendo dizer bom dia. Sem virar-se e baixando a cabeça, pensando nas palavras a proferi-las, ouve-se ao longe algumas frases que nem mesmo ela própria consegue identificar. Sua boca mexe-se, mas nada é audível, queria virar-se e olhar nos olhos, abraçá-lo, mas não o fez. Porque sabe que não pode, sabe que isso o mandaria embora. Segundos, talvez minutos passem sem qualquer palavra dita. Permanece estagnado, deixando cada pensamento e raciocínio lógico passarem e, sobrar apenas a emoção, e a mesma é intensificada ao cair uma lágrima de seus olhos, entende que agora pode falar e ser ouvida.

Deixe-me aqui com meus monstros e demônios consumindo-me. Essa lástima que perdura está longe de curar-se por si mesma, haveria que ter ainda mais do que não sei o que tem de ser, do que tem que ter, não consigo discernir se sou eu o problema, ou se o mesmo é alheio. Diz finalmente com tristeza na voz. Ouve como resposta apenas murmúrios ininterpretáveis. Desculpas são necessárias, mas não suficientes. Quando aprendemos a perdoar, deixamos de ser um pouco mais de nós. E é sempre assim, mais do mesmo, sempre há a certeza do amanha, então para quê importamo-nos com os conflitos de hoje? - faz uma pausa, porque as lágrimas e o desespero já são incontroláveis.

Dizer essas palavras é negar toda essência do sentido, o tempo não cura, só torna as coisas ainda mais desagradáveis, meus demônios sempre voltam, sempre querem de mim o pior do que sou. Do amor sentido, o ódio crescente, o desrespeito eminente e, até mesmo, mentiras hipócritas! Arbitrariedade e redundante, é isso que chamam por amor!? Diga-me isso é o amar? Não ouse dizer que cada um ama a sua própria maneira, estou farta de seus paralogismos cretinos! Grita a todo pulmão sem importar-se com quem estivesse ouvindo, expressando sua raiva e frustração por ter o silêncio como resposta, por saber que só teria isso. Permaneceu fitando o nada, tentando organizar seus sentimentos, mas já não o sentia por perto. Foi-se embora sem uma palavra dita, virou-se para trás para confirmar quando surgia pela porta Mercedes dizendo Por quê raios esta gritando? Esta ficando louca, já não bastou o susto que nos dera ontem anoite, agora vive a gritar para o nada? Como para o nada? Você não o viu? Acabou de ir embora mais uma vez sem dizer absolutamente nada, maldito desgraçado, devo estar ficando louca mesmo, por aceitar essa mesquinharia de alguém que não consegue manter um diálogo honesto.

20

Sinceramente, não sei qual é seu problema. Não vi ninguém chegar e nem sair daqui nas ultimas meia hora... Esquece, ele é tímido e não gosta de ser visto mesmo, você não entende.

Vem, vamos tomar café, você esta tensa e deve estar cansada pela noite que passou você por acaso lembra-se do que aconteceu?
Sim, eu lembro. Queria senti-lo junto a mim outra vez, mas ele não apareceu.

Nossa, você esta confusa e não esta sendo racional, foi uma experiência traumática, mas voltaremos a falar nisso em outra hora. Vamos...

Agarrou-a pelos braços sem importar-se com a recusa. Sem dizer palavras foram para cozinha preparar o café. A casa era desconhecida para ela, puxou uma cadeira da mesa e sentada ficou então á olhar sua amiga andar de um lado para o outro à procura dos mantimentos, ela cantarolava uma cantiga que lhe fez lembrar sua infância, mas momentaneamente apenas, quando brincava no quintal, da cozinha sua mãe assobiava a mesma canção e, do portão surgir um mendigo, asqueroso que exalava carniça, quase não via seu rosto escondido na sujeira, o cabelo misturava-se com a barba, não pôde ver seus olhos, tinha nas mãos um gato esfolado que o segurava pelos pés, o sangue pingava no chão formando uma poça, quis correr e gritar, mas as pernas tremiam, não saindo do lugar, a garganta inibia sua própria respiração, sentiu molhar-se por baixo junto às lágrimas do rosto, o mendigo ainda mostrou seus dentes podres num sorriso acanhado de desespero, dizendo que o atropelaram e se não era ela a dona do pobre animal, indagou ainda se os gatos sentiam medo, perguntou a ela, então se estava com medo, vendo que estava sendo ouvido, não parava mais de falar, quando finalmente o grito saia a toda força de seus pulmões, sua mãe á correr a sua

21

procura, ele já não estava lá. Seu namorado dirigiu-se a ela sua amiga com um telefone na mão. Olhava-lhe confusa, Mercedes levou o aparelho para os ouvidos e disse que não podia atender. Quanto tempo vocês não se falavam, e quando há de acontecer, você simplesmente não quer, o que esta acontecendo contigo, indagou sem obter resposta. Pra si mesma fez-se a mesma questão, só sabia que de uns tempos para cá que as coisas já não eram como antigamente, não só seu relacionamento, mas sua vida e suas convicções junto ao tempo criara perspectivas opostas das quais outrora acreditara, e suas convicções nada mais eram do que incertezas perante o que denominam existencial. Mal se recorda quando começara a falir emocionalmente, questiona sua capacidade de amar, e o próprio sentimento, suspeitando não o sentir realmente, não pelo seu namorado. Lembra-o e sente certa agonia lúgubre, pensa que não pode simplesmente deixá-lo, afinal, todo relacionamento tem seus momentos ruins e é preciso aprender a amar nessas ocasiões, também.

Vendo a expressão intrigante manifesta no rosto de sua amiga, responde-a com uma questão, onde só ela mesma entenderia, por tantos anos de amizade, por tantas conversas passadas, Mas o que é o amor, senão um modelo burguês fazedor de historinhas teatrais e novelescas para pessoas da mesma casta, no qual nos apoiamos e nos inspiramos até hoje? O que é o casamento, ou a simples união entre as pessoas, senão acordos infundados e hipócritas?

Não sou eu quem poderia lhe responder, se fizesse a mesma pergunta ao seu namorado, talvez tivesse uma resposta plausível, só vocês dois sabem o que sentem um pelo outro, só vocês poderiam descobrir o quão influenciado foram por modelos e rótulos, mas de uma coisa eu sei, você tem de parar com isso imediatamente, você vive em outro mundo, pra si só, esquece-se dos outros, faz atrocidades consigo mesma suspeitando não ter alguém que se preocupe contigo, tem esses olhos que fitam o nada, como se estivesse apaixonada, como está de fato, pois eu te conheço, deixando de lado a moralidade ou qualquer coisa do gênero, você deve se decidir, isso não só te afeta, mas há outras pessoas com quem você deveria ao menos respeitar, pelo tempo que passaram juntos, se isso não lhe importa, faça por caráter.

Alguns momentos passaram-se sem dizer qualquer coisa, medindo o silêncio e as frases ditas, sem pestanejar e sem pensar no que dizia a mulher solidária, falou tanto e de tudo, desde sua assombrosa infelicidade que teve na infância até os dias atuais, do porque havia pulado, do porque de sua triste feição, sobretudo naqueles dias, falou tudo o que tentava amargurar-se sozinha por dentro. Sua amiga por outro lado apenas consentia, quando terminou, enfim de falarem, já se viam sentadas na mesma varanda sob um céu nublado sem estrelas, tomando cervejas, o bastante para perceberem-se alteradas pelo álcool, embriagadas entendiam que a realidade parece ser impenetrável em dissuadi-la, no mínimo em que conseguimos transcendê-la são em momentos efêmeros, mas que não podem designá-los como irreais, afinal eles ocorrem de fato. O que faziam naquele momento, talvez fugisse do que aparentemente diz-se real, não sabiam exatamente até onde isso se fazia ser, porém, não há como fugir da eminencia do real, tudo sempre volta a ser, o que não volta, é porque deixara de ser, não conseguiam naquele momento ínfimo entre amigas, de poética tristeza natural no céu e no silêncio breve a realidade como senão outra coisa que dor! E tudo era dor, senão o é, a felicidade que nada mais se apresenta como uma dor contida e esquecida, vivida de efemeridade, amor, o que não o é senão medo? E todos os sentimentos lhe pareciam carregados e perdidos e também encontrados em outros sentimentos e o que dizer das palavras, uma palavra é milhares de outras de milhares de outras palavras. Parecia que perguntavam e afirmavam tudo aquilo uma para a outra, e indagaram quase ao mesmo tempo se tudo aquilo não era filosofia, já que os mestres filósofos ainda não deram o apogeu de vossas incomparáveis inteligências à favor de qualificar de uma vez por todas o que

23

diabos é filosofia. Dentro das ideias há uma metodologia praxada, segmentada. O descontentamento proveniente de simples aspirações banais filosóficas sem um prévio incitamento cientifico a faz imediatamente inútil.

Enunciados intermináveis e insolúveis são defendidos como causa pura e começo para eficácia evolutiva, quando que por redundância se finda no começo, podendo assim designar-se um círculo e ou infinito. Paradoxalmente a negação da filosofia, pela mesma trazer a si a responsabilidade e a audácia divina de ser a criação de tudo, é uma filosofia (?), conceituar, ou simplesmente prover uma frase séria filosofia também? Criara verdades e incapazes solúveis as que estão vivas, para aceitá-las somente quando virarem história e assim tendência-las. Filosofia é em toda sua esfera mera especulação do óbvio. Disseram exatamente ao mesmo tempo, brindaram a epifania recíproca.

Para o suposto rapaz lhe fora um golpe baixo, porque sentia náusea dessa palavra quando simplesmente proferiam-na, imediatamente deixara seus devaneios para sofrer angustiosamente a falta de ar e a vontade de vomitar.

Enquanto lamentava-se do mal estar, o suposto rapaz teve que se apoiar na barra de metal que dá suporte para os passageiros que viajam em pé, sentira uma leve tontura, quisera sentar-se, mas os assentos sejam eles de cor azul oceano índico ou não, estavam todos ocupados, eram eles jovens, idosos, homens e mulheres, via que a maioria deles permanecia com a cabeça abaixada dando atenção somente aos seus aparelhos celulares, ou o que quer que seja, afinal todos eles fazem mais do que simplesmente ligações, não se preocupavam com nada, pareciam ausentes mesmo presentes no trem, passavam a maior parte da viagem entretendo naquelas porcarias. Alguns, porém, liam livros, e o suposto rapaz, sem qualquer estouvamento inclinam-se de forma para que possa entender a capa de um deles, quando consegue, logo se decepciona, não se trata de nenhuma

24

obra literária, tão menos de algo relativo à arte, ou mesmo a cultura, apenas um daqueles livros best-sellers de alto examinação, quando que não se pode dizer auto, o termo melhor seria, submeto-me-e-emprego-me ao que é inato pelo outros. Por-favor-me-ajude-pois-não-tenho-habilidade-nem personalidade-sou- um-idiota-completo-ajuda.

Pois bem, o infeliz lia um desses livros cretinos, e o suposto rapaz tentava de alguma forma entender por que diabos alguém se dá essa profunda falta de caráter de ler uma porcaria dessas, pensou ele que seja a mesma razão que alguns da maioria se da à perda de tempo de ler a bíblia, ou mesmo teorias filosóficas. Sem mais, nem menos o suposto rapaz sente-se incomodado e começa a andar pelo trem, olhando para algumas pessoas, que não lhe dirigem se quer o olhar, vai até o fim do vagão e agora volta lentamente fazendo o mesmo, como se fosse um policial ou fiscal, como tomara a atitude de vagar que surgira de uma vontade inconsciente, percebe-se ser alvejado, e procura nos olhos das pessoas quem o faz, porém torna-se inútil o encontramento.

Volta ao mesmo lugar que desde que o trem partira o tomou, com mala ou bolça preta e com os livros que ainda esquecera com a mulher solidária, pelo menos era o que pensava, porque a mulher agora se encontra de pé, e os livros todos que o suposto rapaz deduziu estar com ela, esta agora no assento onde a mulher solidária estava. Ele, turvo e confuso olha com desconfiança e desespero para a mulher solidária, como se ele suplicasse em silêncio e pelo olhar, "onde estas indo preciso saber o que diabos acontecera com sua vida, e como você irá morrer", ainda faltava muitos quilômetros até a próxima estação, e o trem em sua corriqueira velocidade permitiria muitos minutos até a mulher solidária ir para jamais voltar, o que daria tempo suficiente para que o suposto rapaz pudesse com sua habilidade inumana entrar em sua memória mais uma vez e perceber o que tinha sido interrompido por uma simples palavra nojenta, sob a qual não repetiremos, para que não haja nenhum reboliço, não só para o suposto rapaz, que   poderia ocasionalmente ler isto algum dia, mas para todos aqueles, que como nós, simplesmente sentimos náusea daquela maldita palavra, e daqueles que ainda à fazem viver.

Os autofalantes entoam a voz característica do maquinista alertando aos passageiros que na próxima estação as portas serão abertas do lado esquerdo do trem, os que irão desembarcar permanecem inertes sem saber qual é o maldito lado esquerdo, alguns que estavam no lado direito, pedem licença para esperar do lado correto, outros imitam o ato, seguindo mesmo sem saber se era o lado certo, a mulher solidária foi a primeira a mudar de lado, ficando então de costas para o suposto rapaz que tenta ver seus olhos, usa de sua visão periférica, mas é inútil, porém o reflexo de seu rosto, ainda que turvo e confuso fazia-se ver na janela da porta, era o bastante para que pudesse entrar em suas memórias e ver até mesmo o futuro.

Após a conversa entre a mulher solidária e Mercedes, nada parecia nítido de ser visto, como se o vidro embaçado da porta onde reflete o rosto da mulher solidária interferisse em seus devaneios, profecias, ninguém poderia classificar isso, e nem seremos nós a fazê-lo, e o suposto rapaz, como se lesse o que aqui vem sido escrito, ri torto, pensando ser ele um profeta, ou qualquer porcaria do gênero, mas logo se deixa embrutecer afinal, não crê em mediocridades como essas, volta os olhos para a mulher solidária, reprime-se por ter tido essa distração, afinal a estação onde a mulher solidária irá desembarcar está próxima, rapidamente volta o olhar para o vidro onde pode vê-la com um olhar fantasioso apaixonado que se faz por ter um encontro com seu amor. No topo de um edifício, cujo nome é desnecessário dizer e ou saber, onde ela tomará um champanhe enquanto vislumbra a droga da cidade, e por fim se jogará abaixo para que possa ver e sentir seu amor, ela caia.

Obvio que eis um suicídio, mas porque jogar-se a procura de seu amor? Faz-se necessário estar em sua mente, e o suposto rapaz a vê caminhar pela calçada a caminho da universidade, rotineiramente repete o trajeto, e ela anda olhando o chão, porque já conhece de cor o mesmo, cansada de andar tediosamente o mesmo percurso, vê necessidade de emocionar-se e logo, quebrar um pouco a monotonia, por isso desde que saíra do ônibus, colocou em sua cabeça que devia andar sem olhar para frente, queria mesmo andar com os olhos fechados, mas esqueceu de que há milhares de pessoas imbecis que lhe olhariam feio achando que fosse uma maluca, mas se estivesse com os olhos fechados, como é que veria o olhar nas pessoas? Ela caia.
          Não se deu o trabalho de pensar nisso, portanto andava já alguns metros sem ao menos esbarrar-se com outrem. Tarefa difícil essa, ela pensava a cada vez que quebrava a promessa olhando para frente com medo de cair em algum esgoto, ou bater em uma árvore, ou até mesmo entrar na rua e ser atropelada.
          Sorria sozinha, imaginando cada uma dessas situações, não se sabia e não tinha interesse no dia em que estivera, se era alguma segunda-feira ou quinta, pela noite que passara, podia ser qualquer dia, todos os dias cumpria religiosamente toda a mesmice, o que tornavam os dias iguais, exceto quando notava-se em olhares alheios a esperança de ser uma sexta-feira, ou o entusiasmo nos sorrisos idiotas de um sábado, de uns tempos para cá vem ficando cada vez mais difícil interpretar o dia em que

estamos nos olhares e risos alheios, trabalham-se todos os dias e esperança e entusiasmo só se fazem quando esta perto do dia do pagamento, ai já nos damos com números, não mais com palavras, entende?
Ela caia.

As feiras sejam elas quintas ou segundas não fazem diferença, a infelicidade nisso tudo é que vemos o tempo passar e consequentemente envelhecermos, sem nos importarmos com como estamos existindo. E as maiorias de um todo estão agora preocupadas com amanha, têm seus dias já planejados, manipulados, robotizados, programados, escravizados e tudo que há de sinônimos.
Ela caia.

Concentrarão os seus movimentos, seus sentimentos e seu dia de vida a algo que acabará de fato com vossa existência. Triste? É só uma condição que escolheram, ai sim, infelizmente, porque não à escolha quando somos todos obrigados. Rotina, só o que há, dor, lamento e desprezo. Por todas as vidas perdidas, por todo tempo consumido. E ainda dizem que há esperança, que o amanha será divino e glorificado. E ainda dizem que o amanha será amanhã. Malditos humanos desprovidos de caráter, malditos humanos desprovidos de humanidade, humanismo? Seja lá o que for, desprovidos eis o que somos, eis que são. Ela já olhava nos olhos de todas as pessoas que passavam com ódio, esquecera-se de sua promessa, e seus pensamentos eram cobertos por todas essas indagações e exclamações, andara até mais do que devia, por isso teve de voltar e tentar outra vez não mais olhar para frente.
Ela caia.

Aprendera alguma coisa nas aulas práticas, pensou levantar a mão e perguntar algumas coisas que tinha dúvidas, fazer alguma observação, mas era muito tímida para tal, no intervalo procurou alguém para conversar e tomar o lanche, porém ficara só. Decidira ligar para seu namorado, que estava viajando e nem sabia onde estava, o fez e se arrependeu, não via nele a paixão que antes a dominava o ser. O conversaram apenas casualidades inúteis e banais, ele por outro lado, parecia ama-la como desde primeiro dia em que a vira. Sentia-se mal por isso, por ter que suportar uma mentira, sempre que terminavam a ligação, como todo casal idiota, dizia eu te amo, um para o outro, e imaginava a alegria de seu namorado por ouvir tal hipocrisia.

Enquanto voltava pra casa, no mesmo ônibus de sempre, olhava pela janela e via alguns lugares que já tinha visitado, alguns teatros, pizzarias e essas porcariada todas, junto ao seu namorado, lembrara o quão horrível era sua companhia, como sempre reclamava das pessoas e da sociedade, que o que viviam era uma desgraça ilusória, como planejava sair disso e viajar para lugar nenhum, viajar sem se saber para onde iria, e como era insuportável sua convicção de tudo o que dizia, como se fosse uma verdade, e como ele lhe tratava mal por ser o que era. Sabia ter seus defeitos, era tímida demasiadamente, tinha medo de cumprir suas vontades por razões desconexas, no mais, era feliz, e ele, apesar de ama-la, dizia-se triste, e isso não era aceitável para ela, não conseguia entender sua dor e tristeza, ouvia-o sempre, de bom grado, mas quase sempre se distraia com pensamentos triviais, o que o enfurecia.
Ela caia.
Sabia da pureza dos sentimentos dele para com ela, de sua honestidade, mas não lhe parecia suficiente, parecia que precisava de mais, ou de menos. Queria entorpecer-se com futilidades mundanas e não estava interessada num equilíbrio genuíno de percepção; Queria perder-se ao léu, e ser o que a vida lhe impusesse, não tinha forças para lutar com um chamado inimigo que não se via e que sabia não ter poder maior para combatê-lo, questionava-se às vezes, pensava, mas não lhe era suficiente, queria e buscava o que era mais fácil e palpável, por isso quando

ele ligara enquanto mantinha em si o apogeu e o estopim do que podia aguentar do relacionamento entre ambos, sentiu não mais suportar e carregar pra si uma maturidade que ainda não tinha. O ônibus passava à uma quadra atrás de onde pela primeira vez haviam se conhecido, numa tarde de agosto, à sombra das arvores, num banco cimentado singelo de uma praça, onde haviam encontrado os lábios um do outro, lugar pelo qual costumavam voltar para relembrar tal momento, mas dessa vez não sentira absolutamente nada, agora não passava de uma lembrança falsa de um relacionamento hipócrita, ainda naqueles bancos podia lembrar algumas de suas palavras, que no momento não lhe fazia sentido como agora o faz, para o pior de seu ego, ele parecia saber o que aconteceria, o que faria e o que seria de ambos, Me deparei com sonhos que nunca tinha tido, de ir embora, e fora tão bom.

Ela, mesmo sem saber o que dizer e com ansiedade de acabar com a conversa ininteligível dissera o que ele sabia que escutaria: Não queria te impedir disso. Ele queria ter dito que ela não o impedia, ela era parte de seus sonhos.

Ela caia.

Por nenhum motivo aparente ficamos assim, talvez algum risco da janela tenha interceptado justo o momento que ficará inconclusivo, sem saber onde diabos levaria esse diálogo inútil e sem saber o que levou o namorado dela dizer essas palavras que nos parecem bela, o suposto rapaz continuava a ver: Não há justiça no erro humano, não há tempo mais. Tudo não passará de passado a esquecer, de erros a se arrepender, o mundo é vasto em sua magnitude, todos os aromas de flores que nunca apreciarei, os mares e oceanos, continentes, cultura, países, pessoas que jamais conhecerei, todos os amores e paixões que nunca viverei, todos os campos, cidades, fazendas e florestas, rios e riachos, memórias que nunca lembrarei, livros, poesias, contos, romances, cartas, sonetos, olhares que nunca lerei, paisagens e ruínas, monumentos, cafés, museus, exposições, lugares, ruas e avenidas, estradas que nunca irei, passarei, viajarei, hospedarei, lembrar-me-ei, cozinhas, sabores, comidas que nunca me saborearei. Montanhas e praias, com elas as estrelas que jamais olharei. O mundo é vasto em sua magnitude é livre até onde houver fronteiras, e o humano delimitou todos esses desejos que nunca realizarei.

Ela simplesmente lhe dissera grosseiramente que não iria delimitar nada a ele, por isso que ficasse livre e deixasse-a livre também, no outro lado da linha só se ouvia o murmúrio de uma estrada, a qual devia ele agora, mais do que nunca, seguir sozinho. E pra variar, ela caia, caia do maldito prédio em que fora ver a morte e seu amante, via a cidade toda, via as janelas descer, o asfalto se aproximar, sentia frio, afinal ela caia, não sabemos quantas porcaria de quilômetros, não daria para quantificar, a menos que um de nós fizesse o mesmo com algum aparelho que pudesse medir com exatidão a velocidade, mas teríamos que morrer, como ela iria, e certo de que ao contrario de nós, ela sentia-se feliz, porque queria morrer, e queria sentir seu amor pela ultima vez. E ele nada mais era do que o medo, que muitas vezes é associado e confundido com a repulsa. Ela se apaixonara pelo medo. ela amou o medo de tal forma que subira no alto daquele prédio e se jogara apenas para senti-lo outra vez, pela ultima vez. E há muito tempo já não o sentia mais, seu amor o medo, não se deixava ser visto nem mesmo para ela, em algumas circunstancias haveria de tomar decisões incoerentes e débeis, aos juízos alheios, pois aventurava-se em ocasiões perturbadoras, muitas vezes punha sua própria vida e de terceiros a mercê do que sentia por sentir do medo, amor. Já tentara o suicídio inúmeras vezes, para morrer sim, mas antes disso para sentir o medo, a última foi exatamente quando pulara da varanda ao encontro do mesmo. As drogas não faziam efeito mais, de overdose e comas alcoólicos, não podia contar mais nos dedos quantas ocasiões foram. Chegou até mesmo a criar uma espécie de clube denominado "amantes da adrenalina" mascarando assim o amor que sentia, onde podiam, os três frequentadores discutirem e planejarem situações inusitadas no dia a dia para sentir adrenalina, ela o medo. O clube era o desespero por não conseguir mais encontra-lo. Reuniam-se todas as noites de sábado, ao som de uma gaita triste entoada por algum artista esquecido de suas artes num blues bar, admiravam a tristeza estabelecida do lugar e da música, bebiam ritualmente para caminharem juntos no parapeito de um viaduto, como forma de iniciação da noite da adrenalina. E foram desde atitudes desvairadas pondo em xeque as próprias vidas, como fazer de outrem a realização, sentiam prazer em ver outras pessoas a sentirem, ameaçavam com arma em punho qualquer indivíduo que aparecesse pela frente, quando a pessoa começava a implorar pela existência e estava certo de que estava pra morrer, sugavam toda adrenalina e medo, como cães que se satisfazem apenas farejando algo em que comer na lata do lixo, sentiam então a reação química e dava-se por saciados. Mas nem sempre saia como o planejado, algumas vidas foram tiradas, apenas por descuidos e erros colossais, a própria mulher solidária fora "vítima" disso. Como tinha a autonomia para praticar a chamada "insinuação da adrenalina" que consiste exatamente em tirar de outrem pra si só, por ser a co-fundadora, acabara deixando um inocente morrer relacionando-se com ele periodicamente, tirava dele seu proveito em troca dava-lhe, literalmente, o que ele quisesse.

Por conseguinte a situação acabou saindo de seu controle, enquanto pela mulher solidária ele começara a se afeiçoar, a querer ter sua presença mais do que a razão permitia, a necessita-la mais do que ela quereria, precisou dar um fim naquele relacionamento imbecil, ele já não lhe trazia o medo que antes lhe apetecia, fazia o que ela mandava, mas conseguiu supor que só fazia aquilo pela troca nojenta que se submetiam. Transavam na rua mesmo sem pudor ou qualquer sentimento, apenas pelo prazer do outro, um do medo o outro pela paixão e gozo.

Não podia contar mais a quem fazia isso toda noite, eram eles bêbados ou drogados, mendigos ou prostitutas.

Era mais uma noite de insinuação da adrenalina, com ela o mesmo homem por quem lhe estava apaixonando, bebiam a cerveja quente que estava no copo sob a mesa do mesmo bar blues que frequentavam, ele lhe dissera que estava apaixonado, proferindo uma letra de música escrita num bilhete, ela se retorcia de ânsia por o mesmo não ter tomado banho pelo menos uma semana, interrompeu-o com firmeza na voz dizendo que ele precisava lhe dar mais do que ela poderia lhe oferecer, ele não entendeu absolutamente nada e pediu uma pinga, ficaram em silêncio enquanto entoava as notas tristes e mórbidas da gaita, o garçom chegou com a bebida e ela pedira a conta, jogou uns trocados na mesa e puxou pelo braço o pobre indigente como se fosse seu animal, que estava bêbado como o diabo, conseguiu ainda recuperar a cachaça e toma-la num só gole, guardara o bilhete no bolço da blusa surrada e saíram pra rua. No viaduto conhecido, ela pediu que ele fizesse o que sempre fazia para lhe satisfazer, segurar-se com uma mão só, diante a chuva predominante, a grade que separa a avenida da passagem dos pedestres, ficou lá por alguns minutos e ela nada sentira, mesmo que caminhões passassem a toda velocidade molhando-os com as poças de água do asfalto, milimetricamente as rodas que passavam perto da cabeça do indigente, ela nada sentira. Só o olhava e se enfurecia. Ele não sentia adrenalina, tão pouco o medo, só queria lhe agradar. O deixou lá sozinho, e gritou de longe enquanto corria para que morresse no inferno.

E assim foi, lentamente foi tentando se levantar, as palavras da mulher solidária ecoavam em sua mente, morra... Morra... Inferno... Morra... MORRA!

A cada palavra ecoada em sua mente, caia inútil ao chão, lembranças de uma vida maldita e tediosa de sofrimento ressurgiam ao longe, os carros passavam velozmente por ele, porém lhe pareciam lentamente, podia ver os rostos dos motoristas a encarar-lhe como um verme asqueroso, caia a cada tentativa de erguer-se, gritava de dor e lamento com o rosto junto ao asfalto frio, mordia-o vorazmente com os poucos dentes que ainda lhe restara, sentia o gosto enferrujado de seu sangue, quis vomitar, mas a saliva voltou para o estomago junto aos pedregulhos que conseguira arrancar, um automóvel o atingira sutilmente na cabeça, o bastante para girar trezentos e sessenta graus em si mesmo, seu rosto atritou com a rua desfigurando-o, podia ver sua pele ao chão, mas nada sentiu, apenas subitamente conseguiu levantar-se, sua visão era turva, mas podia jurar estar vindo   alguém, ouviu os passos cada vez mais próximos e antes que a pessoa reagisse agarrou-a e lhe entregara o bilhete junto a carteira para quem quer que fosse se importar e jogou-se viaduto abaixo sem pestanejar gritando: que os" nossos dias sejam para sempre!"

Antes que o suposto rapaz pudesse conceber e consentir tudo o que estava passando, antes mesmo que associasse um fato ao outro, pôs-se a questionar sua própria mente, via a mulher solidária atravessar a plataforma da estação que desembarcara, vira jogar para trás os cabelos que atrapalhava lhe a vista, apressar os passos já que todos o faziam, não era convidativo, mas de certa forma obrigatório, eram capazes de passar por cima um do outro a troco de nada, só pra chegarem à frente e poderem sentar, ou simplesmente pegar o trem próximo, para que chegassem a casa em tempo de ver o noticiário, por conseguinte a novela, o futebol, a futilidade que fosse... Sentiu pena ao vê-la ritualizar as mesmas circunstancias, sentiu pena por ela, por cada uma das milhares de pessoas, já não a podia ver mais, só não soube avaliar se era por ter perdido à multidão, ou na multidão constatar que não há rosto algum que pudesse diferenciar, eram todos iguais.

Virou o rosto para frente depois que vira ascender de cima das portas a luzes que indicavam que as portas fechariam, havia o soar de um apito futurístico que desempenhava a mesma função, porém não escutava nada, além de seus próprios pensamentos.

Quis sentar agora, um assento da cor oceano índico, mostrava-se vago, sentara, em seu semblante era notável pra qualquer um que não estivesse a relatar esta história a inconveniência que sentia a cada minuto mais naquele trem, os cotovelos foram a coxa, lentamente levava as palmas das mãos a esfregar os olhos, estava atordoado, deprimido, o primeiro pensamento foi de fumar um cigarro, beber uma cerveja e parcialmente esquecer o que vinha lhe acontecendo, ou aprofundar ainda mais e tentar esclarecer o que parecia não haver nexo, ou até mesmo objetividade.

Dom. Divindade. Corredor. Loucura. Realidade. Esquizofrenia acordada.

A chuva caia, vinha como companhia, para um dia repleto de ilusão. Sozinho sentia-se. As gotas d'água regariam a tristeza sórdida da alma, lavariam a desesperança e a decadência de seu ser, quisera estar lá fora, caminhar tranquilamente sem se importar. Via a chuva cair graciosamente, de repente não havia teto, sentia o vento frio, olhava o céu nublado, as nuvens correrem, como se fosse ele quem estivesse parado, não havia ninguém no vagão, além de sua própria solidão, usava as mesmas roupas, tinha a mesma estatura, não tinha rosto, mas sabia que era a sua solidão, perambulava cabisbaixa, em cada passo que dava tornava-se negra, uma sombra, via lentamente chegar próximo de si, parou em sua frente, era só escuridão, mas sentia que o olhava, esperava para tornar-se visível, quando o trem saiu do túnel e o suposto rapaz depara-se com seu reflexo na janela em sua frente, estava em pé, curvado olhando fixamente, as pessoas já tinham começado a falar entre si que o sujeito era débil, o susto foi

35

intenso que o fez cair no chão, ouvia murmúrios como se houvesse uma plateia e a cena desempenhada não estava certa de que fosse trágica ou cômica. Recompôs-se sem olhar para quem quer que fosse, voltou ao seu acento e pôs-se a fingir que lia um dos livros.

> Os trilhos... Solavanco... Mentes.
> Espelho.
> Sim, o espelho!

O relógio parara, haveria de dá-lo corda, marcava três horas e cinquenta e seis minutos, o cinzeiro estava cheio exalando o cheiro que estava ficando insuportável, trocou de lugar, pôs sobre a estante ao lado, não melhorara, pôs então no chão, longe da escrivaninha, podia sentir mesmo dali. Ligara o ventilador, seu zunir era o único som audível na madrugada, ao menos aliviara um pouco, com o vento artificial gerado, pôde sentir também, mesmo que de leve o cheiro de cerveja das garrafas consumidas, quis tomar uma.

BRANCO.

Caminhou para a cozinha, abrira a geladeira, a luz resplendeu em seus olhos, era a única coisa que havia lá dentro, ainda assim permaneceu parado esperando curar-se da visão, não havia nada mesmo. Fechou-a com força, culpando-a por não abrigar nada, teve como resposta a porta fechar e abrir novamente. Olhara para trás, tomou-se por um ódio repentino, bateu a porta outra vez, como também vira acontecer o mesmo, dessa vez a porta abria lentamente, a luz vinha preenchendo a escuridão da cozinha via a porta, a pia, abriu totalmente, olhou as quatro paredes, os azulejos brancos tornarem-se cinzas, os pretos continuarem pretos, a mesa parecia fantasmagórica, duas cadeiras solitárias esperando por tornarem-se uteis, o armário ocre desarmonioso, madeira antiga, quase podre, olhou pra si, descalço, fedendo, parecia que a luz o ofendia, como se dissesse: bela porcaria tu tens aqui, meu senhor. É mesmo?! Gritou para o nada num movimento rápido a cadeira que sentia-se tão inútil desempenhava um movimento certeiro contra a porta da geladeira, destruindo-se.

É mesmo?! É mesmo?!

Para cada "é mesmo?!" a luz que pareceu ter dito algo, arrependia-se, via um móvel, talher, condimentos, o que estivesse à mão contra ela, a pobre geladeira, que nada tinha com isso tornava- se amassada, perdia suas grades debaixo, depois a do meio, a porta do congelador perdeu-se no meio do caos, mas a luz continuava ali, protegida, alumiando, era a única coisa que sabia fazer.

E permaneceu assim, mesmo arremessada ao fogão, jogado contra si as panelas de alumínio barato, restos do armário, as grades da janela, o botijão de gás, a perna e braço de cadeira e mesa.

Sentou sobre os destroços, apoiou um pedaço do que era a porta do armário no colo, tirou do bolço um pedaço de maconha e pôs-se lentamente a executar a tarefa de dichavar, lembrou-se de que a única seda que possuía poderia estar perdida no que antes era a cozinha, teria que usar o cigarro, desfarelou até a metade de um, colocou os pedaços da erva, procurou algo parecido com um palito e tirou uma lasca ideal para o trabalho, junto o tabaco, estava pronto. Decidiu que não queria fuma-lo lá, ou ouviu alguma consciência de que não seria uma boa ideia fazê-lo ali, da porta ascendeu com o ultimo palito de fósforo que tinha, passou pelo pequeno jardim, o portão de ferro estava emperrado novamente, a primeira tragada lenta, o gosto suave da natureza, fechou em seus pulmões a tragada, abriu o portão, libertou a fumaça.

Tudo era lento agora, não se consentia a caminhar, como parecesse que estava parado, o murmúrio da madrugada fazia-se musica em sua mente,
   O latido do cão... Carros ao longe...

   Uma lata de cerveja vazia sendo carregada pelo vento...

Seus passos...

Toda vez que se apunha fora da realidade e adentrava noutra, ou simplesmente consentia-a em sua forma crua, perguntava-se focadamente se as baratas que via consumir o resto de cerveja que ficava nas garrafas em seu escritório não fossem elas o prelúdio de chuva, lembrava que sempre que se deparava com a presença dos insetos, as vezes pequenos, outros grandes que até voavam, no dia seguinte chovia. Perguntava se não fugiam elas dos bueiros que estavam quentes, procurando sombra e água fresca, nesse caso cerveja, não tão frescas, afinal podiam ficar lá por dias, dependendo de seu humor, se o céu estivesse azul ou não, se os pássaros lhe acordassem com suas cantigas do amanhecer, ficavam até meses a fio, seria isso o suficiente para que tenha visitas constantes, mas em sua realidade preferiu acreditar que eram elas em companhia, o prelúdio da chuva em um dia. Tinha de fazer algo, esquecera o que era, aquilo foi como uma dor no peito, que pulsava lentamente e tornar-se constante, rápido

Estava correndo
Pulso

Os passos Eram tambores.

Precisava escrever tudo isso, naquele momento era o sentido da vida, não havia segredos no mundo, não importava se estávamos sós no universo ou não, não queria saber da moral, não se incomodou com a camada de ozônio, nem com a fome mundial, a peste, a guerra, a paz, o caralho que fosse. Só precisava escrever, a noite corria encima de si, as estrelas custava a saírem do lugar, não sentia seu corpo no chão, sentiu voar, estava indo em direção a elas, uma sirene o distraiu, voltou os olhos para a rua, estava parado, as mãos procuravam algo, não sabia o que era, encontraram as chaves, lembrou que o portão emperraria outra vez, sem saber que o deixara aberto, pôs-se a correr desenfreadamente, chegou até a gritar uma parte de uma canção, não podia se ouvir, a sirene era o centro do universo, tudo girava e corria em direção a ela, ao curvar a esquina imaginou que haveria uma ambulância ao seu encontro, morreria quando chegasse, o coração pararia, batia rápido demais, seria ataque cardíaco, fumava demais, anos, nem conseguia lembrar quando começou, era um câncer, só podia ser, estava tão saudável a ponto de parar alguma artéria que estivesse perto do pulmão, morreria, será que voaria? Para onde iria? A luz incandescente vermelha cruzara com seu olhar, tudo era vermelho com frações em laranja, sua casa queimava, era do proprietário que o alugara, mas pela primeira vez lhe pareceu sua, os bombeiros tentavam conter a chama, outros o acudiam, estava enfadado, tentava respirar, a fumaça negra era inconveniente demais para lhe conceder oxigênio, tentavam inutilmente trazer-lhe a luz da razão, quando em sua mente via o espelho do banheiro a lhe encarar, seu reflexo era a realidade, seu eu físico era a realidade, mas os pensamentos não apareciam. A realidade era nada mais que surda e idiota, de onde saiu, de onde veio, não é sabido, uma força incontrolável apoderou-se de si a arremessar contra o espelho a privada que permanecia entupida há dois dias, cacos do vidro reluziam a luz do banheiro, voando para todos os lados, a porcelana era um espetáculo a parte, branca como nada no mundo, outros pedaços misturar-se ao marrom do líquido que tomava as paredes e o teto, antes que o afetasse correu para a cozinha à procurar uma cerveja. Recobrara os sentidos, via um bombeiro a lhe oferecer um pedaço de papel e um lápis de carpinteiro, Não temos caneta, esse lápis deve servir.

Em resposta o suposto rapaz lhe dirigiu um olhar interrogativo e confuso.

O senhor chegou até aqui correndo, como se já soubesse o que vinha acontecendo, gritava que precisava de papel e caneta, o senhor é o proprietário da casa? Posso ver sua identidade? Ouve alguma briga na casa?

Durante as ultimas horas o fogo que tomava a casa iluminava a escuridão da madrugada, agora o dia nascia e o que restara do imóvel eram as colunas dos cômodos, semelhava à projetos de arquitetura, uma das cinzas caíra simpaticamente à folha de papel concedida, respondia o interrogatório andando em direção do que antes lhe foi seu lar, nunca o vira como tal, até cortejar tudo. Alertaram- no que não poderia entrar, as colunas poderiam ruir, ao que não deu atenção, o pequeno jardim parecia ter sido tomado pelas lavas de um vulcão que cumprira sua erupção, como é realmente espetacular o poder que o fogo tem, consome tudo que consegue encontrar, consegue destruir a matéria e reduzi-la a algo tão insignificante quanto uma cinza. Começou a juntar cada uma, os bons samaritanos o olhavam peculiarmente, sabia que as pessoas tomam atitudes estranhas após um trauma como perder tudo o que obtiveram e juntaram pela vida toda e pô-las à um determinado local a acreditar que nada no mundo as tirarão de lá, mas pela primeira vez em anos de carreira, pensou um deles, não tinha visto nada igual, o suposto rapaz não parecia triste, parecia só um catador de objetos recicláveis a fazer fortuna com bilhares de cinzas. Chegou até o que antes veio a ser o banheiro, talvez tenha o reconhecido pelo cheiro emanado, sem se dar conta que atrás de si numa parede que estava intacta, um raio de sol refletiu sobre os escombros à sua frente, maravilhado ficou a cortejar o flash da luz, como se fosse uma ponte, viu-se a caminhar sobre ela com o olhar, até chegar ao pedaço do espelho que insistiu em sobreviver na parede, viu parcialmente um pedaço de si mesmo, cada vez mais próximo, mais próximo, a parede caia, não conseguia mover-se, ou não queria, quando seus olhos encontraram-se ao reflexo deles mesmo ao pedaço do espelho, um bombeiro o empurrara para o lado, o impulso o deu forças para correr, não se importava com o que falavam, só queria sair dali para não mais voltar, vizinhos e curiosos ficaram à espreita comentando que pobre destino, que desgraça assombrosa, que infelicidade, a tensão o motivou ainda mais, já estava quase fora da faixa de isolamento, quando sentiu ser puxado para trás, era um mendigo, lembrou-lhe que um dia antes fumava sentado num tijolo frente ao pequeno jardim, pensava que ali era outro mundo, tão perto e tão distante, as formigas que trabalham arduamente, as moscas que se alimentavam dos dejetos, Senhor, Senhor, não teria alguma latinha vazia?

Não tinha.

Senhor, os livros que me dera ontem para que eu os vendesse, não seria justo fazer isso, li todos desde que me deu, devolvo-os ao senhor, precisará mais do que eu, obrigado senhor. De que diabo surgiu essa maldita bolça preta? Questionou-se, agora de volta ao presente. Olhando- a embaixo de suas pernas. Abriu-a com cautela, com medo do que viria a encontrar, continha uma camisa, uma calça, uma cueca e uma folha de papel dobrada. Avenida da paz, Nº 33.

Não estava curioso, de certa forma sabia o que significava o endereço, sabia o que faria, o que não estava claro era ter visto, desde que com um simples olhar para com a velha do assento da cor oceano índico, vira morte e vida.

Acreditou estar doente, fisicamente, porque sabe que sua mente permanece sem cura. Não tem um diagnóstico médico que comprove a ausência da enfermidade em seu corpo, mas de uma forma entende que sua dor mental influencie e faça com que seu

41

corpo não deixe de ser um só, o que suspeitava não ser.

A dor, não influencia só em seu corpo, mas em tudo que vive ao seu redor, destruindo e amaldiçoando, possuindo e abdicando. Desconfia de tudo que se move, de tudo que permaneça no abstrato e no subjetivo, na linguagem ou no ato. Desconsidera tudo o que fora a si posto e pressuposto, não aceita, se nega, desacredita. Poderia ter inventado algo melhor, a dor, a tristeza, sentencia-lhe ao limbo, sentencia-lhe à desgraça.

Não lhe resta muito, além do tiquetaquear do término das suas horas, e se fosse agora? Que diferença faria se fosse amanha? Vai embora, não levará nada, não deixará nada, senão algumas poucas páginas de uma vida obsoleta e medíocre, de desesperanças e a profunda amargura dos dias que passou, deixariam a desejar, até porque nem tudo que sente é passível de linguagens, letras, palavras, frases, seja o que for.

Se fosse agora? Tentariam só então, dariam só então ênfase ao que sente, pensa, é? Não importa quem se importa? Senão uma página em branco?!

Sua vontade é de chorar, chorar para não mais parar, não para aliviar, mas para não esquecer-se o quão sofre.

Sempre acreditou que uma mudança pudesse ocorrer nisso que denotamos sistema, sempre lhe disseram e ainda teimam em afirmar que de alguma forma ou de outra ele mudará de fato, disso não tem duvidas, disso qualquer idiota sabe só o que não lhe disseram é que a mudança nunca será feita e nunca fora com objetivos de destruir o que já esta vigente, a mudança nunca fora feita e nunca será com o propósito de aniquilar o dinheiro, as fronteiras, as soberanias, os monopólios, a cultura, o banal e assim, por assim dizer, diante.

Um sonho inocente, juvenil e ideológico, fora apenas isso o que lhe fazia afirmar que pudesse haver mudança nisso tudo? De toda forma, aos poucos e sorrateiramente vê o que acreditou ser irracional e simplório. Por desacreditar já, na própria esperança, por desconfiar da moral e nas pessoas, da sociedade e afins.

Não sabe se é descrença, mas em suas veias não corre mais o sangue que outrora alimentava suas expectativas e ideais, não está, se é que esteve um dia com o espírito mártir para morrer pelos que não acredita, por um monte de babacas insolentes, mesquinhos que olham apenas para seus próprios cu! Por pessoas que julgam e condenam que lhe querem longe delas, que lhe querem escravo delas, que não lhe querem como é, que não respeitam se quer elas próprias, não, não é por elas que morreria um dia, pra eles já bastam à figura de santos, deuses e toda merda ilusória que criaram. Prefere antes de tudo que todos esses morressem, como vão de fato, mas cultuaram o suficiente para que as crias façam o mesmo e continue sempre essa lástima. Sofre penitentes erros que lhe acusam sem defesa, erros que não são seus. Sofre penitente a dor que não se responsabilizam, sofre por todos que a escondem e vivem na hipocrisia. Penitente e sozinho, não mais vê reciprocidade em lugar algum, estar a viver um erro pelo qual não tem capacidade para aniquila-lo por estar tão envolto e escravo, lhe doe, sangra, machuca. Sofre penitentes esperanças cegas de melhoras que não virão, se engana, sabendo que num futuro próximo não lhe restará absolutamente nada, senão martírios, lembranças e saudades do resto que ficaste e por isso não se interessa viver do passado já faz há muito tempo, que não se fazem mais incertezas como antigamente, mas apenas certezas, certezas de um trágico e irrevogável fim.

Sofre penitentes as noites más dormidas de insônia, sofre penitente já cansado de tanta injustiça. Sofrem penitentes as poesias não escritas, as canções não cantadas, as pulsações do coração cada vez mais frágil, que bate no peito bombeando dor e lamento.

Sofre penitentes as horas de tédio e as responsabilidades a

si impostas, como se fosse culpado pela vida ser tal como ela é. Sofre demasiadamente penitente os desejos que não irão satisfazerem, os amores que não irão viverem, as mortes que irão acontecerem, o sangue que irão derramar.

Sofre penitente a tristeza pura, as mentiras e promessas que não serão cumpridas, as verdades escondidas, os pesadelos, os risos idiotas e sem graça, a banalidade, a desgraça, ele sofre por nada e por todos, por tudo e por ninguém, ele sofre. Sofre. Sofrerá.

Sofre penitente a decadência de memórias que custam e se recusam a perderem-se, os amigos que lhe esqueceram, a família que deixara, o amor de uma vida, que por acertos e erros, por motivos e razões delirantes abdicara. Convenceu-se de que não haveria volta para o caminho que se pôs a seguir. Destruíra sua própria casa, entregou-se definitivamente à margem, era agora o que a mídia adora adjetivar: um subversivo vagabundo imoral. Seu primeiro impulso foi procurar em vão algo para escrever, lembrando o que havia na bolça ou mala preta, conteve o ato, com uma expressão de criança contrariada, pôs-se a lamentar, se antes era esquecidas de suas habilidades em escrever, agora após ter tudo reduzido á cinzas, pois seus trabalhos estavam no que um dia fora sua residência, não passava de um fulano, um ninguém, um imoral vagabundo subversivo.

Um conterrâneo seu, da terra dos que não tinha habitação, seja lá pelo motivo que for, olha curioso e atento pela fresta da porta, já deram o sinal de fechamento da mesma e ele certifica-se de que não há nenhum segurança da companhia ferroviária a lhe importunar seu trabalho, que o começa distribuindo um bilhete para cada usuário, estejam eles em pé ou não, alguns recusam, outros fingem estar em outra dimensão ignorando-o. O conterrâneo passa pelo suposto rapaz, talvez ciente de suas desgraças, desdenha de deixar o bilhete que vem escrito sobre a necessidade de prestar auxílio e solidariedade à avó doente que esta de cama por uma doença que não dá para distinguir, não porque não haja cura, ou por ser um fenômeno desconhecido da medicina, mas pelo garrancho que se mostra a grafia, poderíamos alerta-lo a digitar num computador e   imprimir da próxima vez, seria um marketing bacana, ganharia mais tempo e uma quantidade maior de bilhetes, porém o conterrâneo poderia ofender-se, e com o que lhe deram para ajudá-la a pobre avó, não daria para comprar se quer um esparadrapo, menos ainda para pagar alguém que o fizesse num desses estabelecimentos que leva um nome estrangeiro do qual não nos é de suma importância mencionar, temos de preocuparmos com nossa gramática nesse relato, já é mais do que o bastante, marketing fora fácil escrever sem medo de errar, afinal entre a porta e a janela do trem há um espaço direcionado para publicidade, Sua empresa espera o potencial do marketing do nosso trem, quantas pessoas passam por aqui?

Seria redundante e irônico se os amantes da publicidade não vissem esse paradoxo como genial, um marketing para marketing. Indução para adquirir coisas, lavagem cerebral para possuir coisas, imagens de felicidade nos olhos e sorrisos daqueles que ingressaram numa universidade que é não é nota nove, é dez, carros esportivos com mulheres que segundo a imagem lhes concederiam relação sexual sem pestanejar, desde que tivesse o automóvel que faz centenas de quilômetros como se a cidade fosse uma pista de corrida, lembretes de que os impostos foram bem gastos com a reforma de mais três trens, alerta à saúde pois o tabagismo era legal e charmoso até perceberem que é uma ótima maneira de acabar com a superpopulação.

O conterrâneo já recolheu todo seu material de trabalho, fora ao final do vagão onde poderia sentar e contar suas moedas, mesmo cabisbaixo sorria para quem o ajudara pedindo para que o senhor os abençoasse, não, não a você que esteja lendo, mas algum senhor que não sabemos quem, se levarmos ao pé da letra, se letra tiver alguma fisionomia, tanto quanto o amante da mulher

45

solidária, o medo, seria como se a pessoa abençoasse a si mesma, e para as mulheres que não são senhores, que se danasse, afinal que senhor ás abençoaria?

O suposto rapaz distraiu-se com esses pensamentos, cansara de sofrer suas lástimas, encontrou em seu conterrâneo e nas publicidades do trem o álibi que necessitava para parar de auto condenar-se.

Olhara fixamente para seu conterrâneo, porém não encontrou seus olhos que estavam atentos à contagem de sua barganha, ou de sua avó. Olhou então para a criança de colo que estava a dormir serenamente nos braços do que parecia ser sua irmã pela idade que aparentava possuir, seu olhar pareceu acordar a pequena que reclamou fome com seu choro, logo se soube que era sua mãe, afinal, lhe deu um de seus seios a amamenta-la.

O suposto rapaz conteve o olhar e os pensamentos acerca da situação e começara a sofrer de tédio, ia levantar-se e dirigir-se a porta, desembarcaria na próxima estação fosse ela qual fosse, estava cansado de tudo aquilo, entretanto quando fez menção de levantar-se, o trem parara.

O maquinista esta nos dizendo que o trajeto fora interrompido por problemas técnicos. O suposto rapaz suspira ardilosamente quando recebe a informação, alguém imaginou que fosse ele uma mesa, um vaso de planta, está em sua coxa, olha intrigado para a gorda com uma camisa estampada "plante, salve o planeta", mais publicidade pensara, ia pedir-lhe gentilmente para que tomasse no cu e tirasse o vaso de sua perna, estava molhando-a e tinha um pouco de barro, não se incomodava por isso, porém era uma audácia petulante usar uma camisa idiota como aquela alguém que se preze jamais colocaria uma camisa dessas, saísse para a rua e usaria o próximo num trem como apoio e babá e esperaria um sorriso condescendente como quem esta gostando de fazer o favor, colocara as mãos sobre o vaso e para sua surpresa, da planta vira mais do que beleza, via a sua vida.

Demorou um pouco para convencer-se do que era, pensara que tivesse desmaiado, ou teria dito algo para a gorda e a mesma tenha lhe matado, por alguns instantes tudo ficara preto, passou-se mais algum segundo ou minuto, é impossível mensurar, até que via a primeira raiz, como uma luz desbotar sobre a negritude. As raízes iam aos poucos se sobrepondo à força que a terra impunha contrariada à existência alheia, procurando de forma diplomática solidariedade, mesmo pequena e frágil demonstrava-se inteligente, convenceu a terra de que ajudaria coletando o necessário para sua subsistência, dejetos de que a terra não poderia livrar-se sozinha, o convívio não fora fácil no princípio, a aspirante planta era demasiada teimosa e arrogante, argumentava que a união faria ambas desenvolverem-se, a terra que se dizia mais velha do que tudo que já havia visto tentava alertá-la de que sua existência traria sim benefícios, mas que cautelosamente, tudo no mundo viraria o que ela é hoje, explicara que a eminencia da vida era dor, tudo nasceria para sofrer e, por conseguinte morrer, Como tu? Questionou com sua petulância característica, a terra não tinha pressa para nada, milhares, talvez bilhares de acontecimentos, nascimentos, mortes preenchia cada instante de sua existência, precisava estar a par de cada ocasião, e tomara a pergunta como uma ofensa. Se pudéssemos crer que houvesse tempo na dimensão à que estavam, ainda assim seria inválido mensurar quando é que a terra respondera para a aspirante planta, que era até então uma jovem raiz, quando viu-se estava ela à maravilhar-se com o que via fora daquele vaso e terra, conseguira desenvolver-se o caule, livrar-se esporadicamente da convivência tediosa com a terra, ela que presenciara tudo, pois tudo via e tudo sentia, riu da pequena planta dizendo milenarmente: Escute aqui pequena planta, não fora com palavras que dissera, nem dissera pra falar a verdade, poderia ser algum tipo de telepatia ou coisa que o valha, porém de alguma forma comunicavam-se entre si, Eu sou tudo que há, tudo, não por eu ser arrogante a ponto de infiltrar-me em outro ser para existir, mas por simplesmente ser tudo! Tu, que agora olhas estupefata o mundo à que estamos, não verás que tu serás parte de mim, como tudo que há, que foi e o que será, pouco a pouco tudo me será, como já sou, como já o é. A planta ocupava-se a desabrochar sua primeira folha, tudo a ela era magnífico, como se estivesse ignorando a sábia da terra, falou-lhe. Agora, vês? Agora posso sobreviver por conta própria, olhava a terra de cima, o que lhe trouxe certa autoridade, que fora logo desmantelada com a eminencia de que sua existência resumia-se a dependência da terra, que não economizou palavras, ou telepatias a lembra-la. A planta deu de ombros, se ela sente vergonha, essa seria a prova, afinal, calara-se contrariada. Um anelídeo nascerá, graças à vossa audácia, teremos de ter a mesma conversa tediosa, como se eu não tivesse nada melhor que fazer, já que agora estás entusiasmada, não se importará em fazer nova amizade, ele habitará, conviverá conosco, já passei por isso mais vezes do que tu possas conceber, há uma hierarquia...

Discussões e debates dignos do besteirol acadêmico humano davam-se a cada vida nova trazida pelo nascimento da planta, que a terra pacientemente e cansada proferia. Vezes noutras recebiam visitas de moscas, aracnídeos, alguns inconvenientes que vinham apenas para cumprir a eminencia da vida, vírus e bactérias, seres desconhecidos da biologia, átomos, ficando claro cada vez mais para cada um deles sua posição, sua atividade a desempenhar, a responsabilidade de prosperar.

A planta certa altura de uma conferencia, questionara a função da terra, além de ser a eminência de todos, seria ela só o cemitério da vida, como ao mesmo tempo o berço de tudo?

A terra respondera com sua determinação clássica, à de que não responderia, convencendo-se de que só o tempo humano poderia encarregar-se disso. A terra era a ultima a ter palavra, desde então nada mais fora dito, ouvido ou telepático, a questão da planta fez eco por todo reino natural, chegando mesmo ao que parecia impossível, aos ouvidos humano.

A planta já estava no que podemos descrever como fase adulta, fazia-se bela aos olhos do animal que julga ser isso racional, o humano regara o vaso com a planta, terra, anelídeo, bactérias e toda vida que se encontrava lá, o silêncio proferido por todos pareceu incomoda-lo, ao que regava, proferia palavras para com a planta, dizer de entender a linguagem do mesmo, a planta respondia- lhe o que escutou durante a vida toda, o que parecia fazer efeito, já que recebia água todos os dias, ressaltava sempre essa exigência.

Um belo dia, se é que ela tenha essa concepção, seria melhor usar ocasião, pois bem, numa bela ocasião em que todos estavam empenhados em suas atividades, aparecera o humano, como de costume para regar-lhes trazendo consigo um vaso maior, no que a planta interrogativa cismara, a terra que não falava à muito, alertou a todos que pusessem-se em vossos lugares e contemplassem o que aconteceria após.

Fora um verdadeiro animicídio e inanimicídio, tivemos que até que inventar essa palavra, já que morreram partículas, átomos, etc. O humano trocara o vaso com a planta, da terra seres morriam simplesmente por tocarem-nos, bactérias em defesa dos amigos alojavam ao corpo humano, a terra perdia parte dela mesma que era jogada a esmo, a planta gritava de dor ao ser puxada da terra, era uma unidade, tudo estava perdendo-se, mas ao final, banharam-se e devagar tudo voltaria a ser como era. A terra ganhara mais terra, sua personalidade mudara aos olhos da planta que sofria pela mudança, chegando mesmo a adoecer, já que a terra nova desprovia de tudo que criaram no antigo vaso, teriam de começar tudo outra vez.

A planta estava cansada, murcha, quase se entregando, chegou até a dizer á terra que cumpriria seu dever, ao que ouvira da mesma a resposta que lhe faltava. Planta, não desista, a minha função além de ser o começo e o fim de tudo e de todos, é também alerta-los, a quem quer que seja, isso que vos vivenciara, a natureza apesar de se mostrar neutra tem um plano para essa espécie, que destrói tudo o que encontra, ela tarda, mas jamais falha, vendo seus costumes, suas criações, suas crenças, suas sociedades, poderia tu contrariar-me, dizendo que falha descomunal cometera a natureza criando-os, mas com o propósito único de prosperarmo-nos, como? Eis a única espécie capaz de racionalizar contra si mesmos, de desenvolver a própria natureza, nós somos feitos de algo que tu podes nunca ver em vida, que são estrelas, somos restos de um caos que a natureza pôs-se a ordenar, esses seres humanos serão extintos, mas não antes de completarem vossas funções, tal como a minha, a vossa, a do anelídeo, que é prosperar, prover e não mais apenas globalizar, mas universalizar a própria natureza, por toda vastidão que se mostra o infinito. Mas o que é a natureza, terra?

Quando tu, virares árvore, conceber a imensidão do que é esse universo, como posso o ver, pois sou esse planeta inteiro, entenderá e sábia será, viverá por todos e todos viverão por tu, jamais morrerás, tu será a mim e eu serei tu, pouco a pouco, tudo será uma unidade, isso és a natureza.

Com isso o suposto rapaz compreendera que não haveria morte. Tivesse ele o dom que fosse nada mostraria a morte do que é imortal, pensou maravilhado que será também ao morrer um pedaço de toda terra, que também não morrerá, entretanto podia ter ele o indício do que é a consciência humana e porque não, consciência animal, para onde iria, o que era? Quis entrar na vida da planta novamente, afinal a terra era mais sábia do que ele poderia prever, mas não era como fora com os humanos, não havia olhos, estava desesperado, levantara de súbito, o vaso em seu colo permaneceu no mesmo lugar, parecia-lhe ser invisível, gritou para a planta, para a gorda, nada acontecera, estava chorando, nada daquilo era verdadeiramente real? Beliscou-se.

Se tudo não passar de um devaneio? Alguém esta me vendo?
Mala ou bolça preta.

A velha, o filho da velha, a mulher solidária, a planta. Livros.
Planta?

A velha orava. Casa.
Estou inconsciente?

Mulher solidária não pegou os livros.

O vendedor de balas e amendoins não o vira.
Estou inconsciente?

O conterrâneo não lhe deixou nenhum bilhete. Espelho.
Fogo.

Se o inconsciente estiver tentando comunicar-se com o
consciente? Consciente.
Se...

Consciente.

Hospital Psiquiátrico Sapiência. Avenida da paz , n° 33.

Paciente: 636
Ala: 08
Corredor: 03
Entrada: 00:00 horas (obs. Encontrado desacordado após sair gritando n~~o trem que era o sup~~osto ~~rapaz surto psicótico, primeiros socorros~~ prestados pela Companhia Ferroviária)

Diagnóstico: CID   10   F23   -   Transtornos
        psicóticos   agudos e   transitórios,   transtorno
esquizofreniforme.

Corredor Psicodélico

Capítulo 2

Perto da janela, longe desses malucos. Prostrado dentre o vão da porta.
Nada melhor que a solidão.

O atrito da cadeira ao chão ecoou pela sala rompendo o silêncio que respeitavam por um raio que iluminou à tarde sórdida de tédio e tensão.

Cadeira filha da puta. Sentou-se
Ela tentava com os comprimidos, vestindo ser o que não era aprovação social, o peso de ter as cobranças carregadas nas costas derivada de modelos pré-definidos da estética moderna veiculada pela pseudo cultura midiática publicitando hipnoses e lavagens cerebrais pela propaganda, televisão, redes sociais alienantes em falácias e amizades delirantes de apoiar um status hipócrita desprezando o calor do contato, petrificando no mais frio dos gelos da ignorância à fazia acometer injúrias para consigo mesma, de uma família que o pai é um alcoólatra perdido e insensível, por vezes agressivo, a paciência da mãe era demasiada à prover para todos a calma e o pão, errava com uns, acertos com outros, irmãos e irmãs, veio a crescer. Seu nome não se encontra na lista telefônica, nem pela internet, não fizeram dele nome de rua, ninguém ainda o proferiu para que saibamos então não me

venha com o desejo de saber sua fisionomia, idade, endereço, não que se soubéssemos o nome constataríamos tudo isso, mas é para deixar ciente de que isso aqui não é cartório, nem medicina, tão pouco correios, isso aqui meus caros, é o corredor psicodélico.

A janela aqui é lá no fundo, que coisa estranha, a janela aqui é lá no fundo, se é aqui, aqui teria de ser o fundo. Queríamos meus caros enfatizar de que só há uma janela, iríamos usar: queríamos meus caros enfatizar de que só há uma única janela, para deixar um tom alegre e cômico em contraste ao marasmo decadente que isso aqui se encontra, mas a gramática apoiada à concordância junta aquela metodologia embrutecedora literária, artística e deus... filosófica.

Talvez viessem a magoarem-se, por isso tentaremos ao máximo que a força divina possa nos favorecer a não causar danos por escritos prolixo de um vagabundo sem faculdades mentais e acadêmicas desprovido de um cargo ou doutorado ou empresário, mais renomado quando representante, porque em suma nos querem todos iguais, seja empregado com suas famílias e deveres, um titular eleitoral atento à cidadania, um consumidor desenfreado, um comodista esperançoso por aquilo que nunca terá, ou por fazer livros todos iguais para não terem o trabalho de ler algo novo que imediatamente tornar-se-ia subversivo, portanto, no fundo do corredor há uma janela que é quase imperceptível, só um olhar atento e são poderia ver, já que a mesma se encontra tomada pela sujeira, teias de aranha e poeira. O primeiro quarto é da moça que estivemos falando a pouco, só nos vemos na terapia em grupo, essa semana contou sobre como fora difícil à separação com seu namorado, cujo desfecho, segundo a mesma é causa de sua estadia nesses quartos brancos e corredores frios, calado, por vezes sombrio.

Você se sentiu amada enquanto esteve comigo? Sim, mas não era feliz.

Então amor é sinônimo de tristeza!

Você diz que encontrará outro alguém, mas não amará, porque sabe que não pode sofrer sem mim. Pode ser que ele me faça feliz.

Fará sim. Se for o que quer, continue esse caminho, se tristeza é amor, felicidade é fútil, o que te fará ter milhares de relacionamentos, de uma noite só em uma balada, não gosta disso, mas é o que te reserva já que procurará o fútil, de algumas semanas, começará a perceber que esta procurando nos lugares errados e se renderá a cultivar o que a mídia oferece, achando banal algumas coisas, ainda assim procura o tipo de homem que se resume aquele em que não é de muito porte físico, mas tem os músculos definidos, corre toda manhã, apesar de ter dois carros na garagem, academia de noite, as vezes a tarde se ocasionalmente se marginaliza cabulando as aulas de como manter e organizar a ordem estabelecida através de lavagens cerebrais no curso de publicidade, que ocasionalmente o encontrou numa balada, na área de fumantes, o único lugar fora daquele ritual de celebração do "olha gente estou aqui" ou eu amo tudo isso, sou um acomodado, tenho dinheiro, status, roupa nova, farei sexo, sou ignorante e consumista, disse tudo isso a ele e recebeu como resposta um beijo estabanado, mas acharia bonito porque ele é o tipo de cara que você vê na TV, porque estará ainda que não acreditasse nos moldes da beleza estabelecida, e o homem que te fará feliz, beijou-te porque esta louco de êxtase, só soube interpretar seu decote, saia justa e sua feição de admiração por estar ouvindo alguém que nem está te ouvindo verdadeiramente só imaginando como seria ter esses seios pulando enquanto dá para ele.

E vão ficar juntos por algum tempo, talvez se casem se no caminho você não estiver pensando que tomaria a decisão de sua vida se o traía com um outro que conhecera no trabalho, tinha mais carro, mais dinheiro, mais bonito e parecia te   ouvir de verdade, já que soubera de que fora traída, vivendo a novela que deixara de ver aos poucos, e ele te deixará, o outro mais bonito só queria te comer e ficará só, entenderá então que a felicidade se paga pela ignorância, irá querer tê-la com outro, mas será tarde, entenderá que a beleza é realmente um valor estabelecido quando passar dos 40, mesmo que ainda talvez se encaixe no padrão, estará cansada de mentir pra si mesma, e pensará em mim, nesse exato momento, sobre esse céu sem estrelas e lembrará o que vou dizer, se outrora sentiu-se amada, aquilo não chega nem perto do amor que te darei agora, se quer viver a vida, que viva a dor!

Contrariando a dedução egocêntrica de seu ex parceiro, ela decidiu abdicar-se de escolha. Paradoxalmente em si mesma o ato de negação de escolha, a indiferença diante aos fatos ainda se faz escolha. Permaneceu atrofiada nos sentidos, enclausurou-se em sua residência por anos a fio, a família desdenhara de sustentar um vegetal inútil e colocaram-na numa ambulância e cá esta. Deve sofrer de algum tipo de distúrbio de memória, pois repete sempre a mesma história, conta sempre com as mesmas palavras, sofrer... todos sofrem aqui e todos tem algum problema, só não se é claro a disposição em conter a loucura, quando muitos só precisam e querem entendimento, estudar razões que nos leva a viver e ser como somos, fodidos emocionalmente, aturdidos com verdades impostas, perdidos sensorialmente e o que mais parece definhar o ser, negar a si mesmo em prol de uma medicina psiquiátrica irresponsável e fraudulenta. Somos cobaias e a medicação é daqui cinco minutos.

A realidade vem em comprimidos, compressão de desgraça tacada goela abaixo, a ilusão de melhora num sono artificial e cansativo, tristeza emanada vem aflorar as vontades de liberdade, estão caindo pelo chão, caminham de cabeça baixa, apoiam-se nas paredes, os remédios controlam, fazem efeito, o reflexo disso é o silencio no corredor que de certa maneira torna-se psicodélico, não haveria de ser outra maldita coisa, manicômio, não esperaria que os loucos pintassem as paredes com suas mãos, que desenvolvessem a capacidade artística para conter ou direcionar a insanidade. É a medicação influenciando a escrita, não se pode escrever, determinantemente proibido.

Em cada porta uma fresta, alguns a fazem por janela, outros como forma de conseguir atenção, cuspindo, gritando ou até mesmo arrancando o braço nos dentes de quem se atrevem a olhar curioso por dentre da mesma. Por ela olha-se o corredor, no fundo está uma porta que separa a ala dos crônicos, batendo-se contra o vento, enclareando parcialmente e em desfoques a chã, limpa como nada na terra, podia-se comer nele, não fosse a retaliação que faz uma enfermeira a um louco que acreditou ser o chão seu prato, ou a comida em si, afinal o lambe e o abraça demonstrando sua carência emocional derivada de um isolamento social a que se sujeitara. Fulano esquisito deu-lhe a alcunha de "Doutor", por ser o pacificador nas rebeliões, sábio entre os loucos, consegue o que quer e o que você precisa. Cigarros? É com ele mesmo, o típico contrabandista que se vê nos filmes de prisões. Aqui não podemos dizer que seja real, mas até onde pode-se ver, é o que parece. Um livro diante esses marasmáticos gritos e gemidos que nem se sabe donde vem, seria de boa fortuna, o problema é chegar até ele, ele vem até você e o surpreende com o que for desejado, como se lesse o pensamento, mas tem uma pequena coisa, se ele aparecer aqui com o objeto em questão e não puderes paga-lo, pode ir despedindo-se do futuro, pois piedade, como o mesmo costuma dizer, é depois do corredor descendo à esquerda, na solitária. Vá se perdoar por me fazer perder tempo, diria já, e tão mais breve uma navalha atravessar um dos braços, às vezes até mesmo o pescoço, você o olha sem entender se é um masoquista maluco ou um idiota em potencial, mas aí vem às enfermeiras cuida-lo e o que a ti sobre, a culpa, a missa, e o terço. Solitária senhoras e senhores são a pior penitencia inventada, nem lobotomia deve fazer tão mau.

A conveniência de escrever um relato se apresenta em minha frente, pois depois de mencionado o "doutor" veio até mim, puxou a cadeira sem pedir licença e tirou debaixo da blusa um livro. Olhou- me fixamente sem dizer nada, levantou-se e ficou com um dos dedos sobre o livro na mesa, esperava que eu dissesse alguma coisa, porém estava ansioso para o que viria a seguir, se talvez fosse ele cortar-se ou matar-me, gritar alguma asneira, pedir algum cigarro, mas não, decidiu ficar ali em minha frente como se fosse agradável ver o medo que transmitia com sua presença, foi aí que sorrio, lendo em meus olhos o que aqui se encontra escrito. Você esta famoso rapaz – disse enfim. Tirou o dedo que apontava o titulo no livro, deixando com que eu o visse. Os malditos trilhos em que nossas porcarias de mente percorrem. Maldição. Minha primeira recaída, desde então tentava ao máximo não ater-me ao passado, recomendação de algum psiquiatra que me enche quando há alguma porcaria de consulta ou terapia, nunca lembro o nome deles, nem sei se é a mesma pessoa, pra ser sincero mesmo, não sei sequer se é homem ou mulher, enfermeira ou o faxineiro, tenho estado aturdido, ainda mais agora, depois dessa maravilhosa obra do acaso. Tirei do bolço o maço que tinha, joguei na mesa, era a troca, o "doutor" tirou um cigarro e como que recusando a oferta, acendeu-o e sentou-se novamente. Esse tipo de merda é foda, ficar sentando e levantando como se fosse à droga do sofá de sua casa, dá uma loucura das boas, umas vontades de berrar, até mesmo violentar a atitude cretina, mas nunca o faço, só espero, e esse esperar deixa a outra pessoa tão ou mais nervosa que nós, daí pode vir alguma briga, algum dente voando, nem se precisa de motivos para tal, aqui basta ter audácia, pois ninguém passa vontade, vontade insana obviamente, deixam- nos aquém, como se pudéssemos nos auto governar, pois as vontades sóbrias, quando hão, jamais são satisfeitas, essas é que são tidas como loucas enfim. O livro estava lá, está já nem sei em que tempo estamos, ou o qual quero transparecer que seja toda forma o maldito livro esta sobre a mesa, o "doutor" se foi e não vi, não lembro se tomei a medicação essa manhã. Escondi o livro pensando que fosse proibido, não estava e nem estou ainda a par de toda regra desse lugar, melhor remediar.

Remédio!

O grito é ecoado pelos corredores, os loucos não se sabem se fazem de loucos, mas fingem não ouvir, um segundo e terceiro grito é ouvido, forma-se a fila aos poucos, uns cambaleiam, outros nem conseguem sair do lugar, as enfermeiras mostram a que veio e com toda delicadeza colérica retiram de seus recintos e retiros os que permaneciam em jazido, sono, sonhos e delírios, pelo braço e à força são colocados na diretriz, para eles o caminho é como atravessar alguma fronteira, olham uns para os outros como inimigos, começa então outros gritos, brigas e confusões, além do remédio prescrito, uns tomam injeções para acalmar a alma moribunda em fase terminal, inquietam-se por momentos e logo voltam a sanidade débil, cantando, uns golpeando o ar como que praticando alguma arte marcial, outros escondem com os braços a cabeça, como que envergonhados por serem o que são. O "doutor" conduz a pequena multidão, engraçado, não só os loucos ou outro louco conduzir outros loucos, mas, essas redundâncias gramaticais. São divertidas, quando não se há muito que fazer, quando se é um louco, ou dizem que o é, você simplesmente se impressiona com como é interessante às leis se contradizerem, parece que se comem, uma a uma, sendo você um advogado, entendedor das prescrições humanitárias de como manter os sãos sóbrios e os loucos malucos, veria que as leis são tão ou mais débeis quanto a qualquer infeliz que cambaleia por essas bandas, é um espetáculo a parte, acho até que os doutores acadêmicos de cá brindam vossas astúcias uns com os outros, discutindo quem ajuda melhor os moribundos de sanidade, deve ser paranoia. Paranoia é foda. Serio mesmo. Sem demagogia, não se pode fazer muita coisa, a vida torna-se estranha, sendo ela já como é porém ou mas, o fato é que você acaba enclausurado, se tiver a sanidade de reconhecer a loucura, o que já o faz pleno de sua própria consciência, mas que à outros olhos, da ciência e religiões, a condena é uma só. Enclausuramento, em conjunto quando não se oferece perigo, logo crônico. Solitária quando, me foge o termo agora, quando... bem louco mesmo. Em suma, paranoia é foda. Esta vendo? Lendo? Veja só. Olhe para trás, seu passado te condena. Ouço isso o tempo todo, seja de minha consciência ou de minha demência, de terceiros ou de família, os erros voltam, mesmo que a borracha apague, ficará seus resquícios do que foi escrito, como as cinzas de um belo incendioso circo. Mesmo alterado, mesmo que não seja mais o que fora, ainda há, ainda existe, o vento só leva o que o ar aguenta, se a sentença for amena, do contrário a perturbação só aumenta, vira senhoras e senhores paranoia. Maldita seja. E comparar as leis sociais com as regras ortográficas não é lá muito inteligível, nada mais é que uma tentativa tosca de esquivar-se da lógica, tentativa inútil de reforçar o argumento, tornando-se uma falácia, já que paranoia alguma é passível de alguma verdade, qual a probabilidade de acertar uma paranoia?

A matemática só conta números e não histórias. Pra deixar claro, acertar uma paranoia não é que algum imbecil vá com os dardos de suposições atirar sobre o alvo da lógica, não, acertar uma paranoia é uma loucura, rapaz. Faz-se todo um jogo, concursos públicos e os caralhos. Dossiê, de informações coladas na parede e tudo. Um bom prato pra ficar maluco. E ainda posso recordar, mesmo que não recomendáveis sejam as paredes de que fora tomada pela minha obsessão fútil de entender uma das milhares de paranoia, entre elas a teoria do acaso. Sem um aprofundamento acadêmico, tão pouco científico, basicamente leigo em todos os termos, ficava eu a admirar-me com o mesmo, acaso.

É um caso doentio, de fato uma das razões que me

mantém aqui dentro, fora a vontade de poder compreender melhor o que se passa em minha mente. Essas páginas estão escondidas, queria pô-las na parede, mas, parece que os doutores daqui são tão loucos quanto os pacientes, gostam de ver essa merda toda branca, miseráveis. O problema é ter que confiar neles, não poder ter poder sobre si mesmo, não posso sair ainda. Estou preso. Dentro de mim mesmo e nesses corredores. Não vejo o céu faz um tempo. Tento alcançar a janela do fundo do corredor, de longe parecia baixa, mais perto constato a longitude entre ela e o chão, difícil dizer se não fora efeitos da medicação, vejo pessoas e num átimo somem como surgiram, às vezes o piso se mostra alto, outrora ondulante, já não sei se pelos azulejos terem sido postos erroneamente, onde olho milimetricamente observo as imperfeições, procuro os erros onde não deveriam estar, ou o erro esta em procurar a perfeição, que por mais que digam o que quiserem havia encontrado uma vez, nos olhos maravilhosos de uma mulher. Por eles me apaixonei instantaneamente.

Por eles sonho toda noite em vê-los novamente, por toda ela. Mas que merda, desculpe-me, acho que me empolguei um pouco, saí totalmente do foco, não há razão por ter sido escrito isso. Não acontecerá novamente, a menos que eu os veja outra vez, que eu a encontre nos case, que me tire daqui, e leve toda minha amargura consigo, que possamos nos ajudar, nos amar e toda merda ilusória que me faça querer viver. Não tem muito que escrever também, isso é o que me mantém digamos, são, temporariamente apenas.

A realidade é entediante, sair dela e sonhar é um vício que aqui querem que controlemos, por isso não espero ficar me desculpando toda maldita vez em escrever asneira ou coisas pessoais que não tem noção e relevância alguma, seja isso um romance, livro, conto, relato ou um mero bloco de notas, escrevo o que quiser, apresento-lhes minha consciência, ela que me enche o saco de como devo ou não, o que e como escrever.

Nada de janela e uma boa vista para o mundo, nada de ver os pássaros, nada de nada, insisto nessa branquidade toda, que faz o nada se tornar ainda mais angustiante.

A cor branca representa a paz, deve ser por essa razão que mantem-se predominantemente branco o que quer que seja por aqui, desde as enfermeiras, chão, médicos e paredes, mas a paz não se vê e não se faz. A paz de cá é artificial como já havíamos visto, através de medicações ou à força, o importante é que haja para manter-se o controle, afinal isso é um manicômio e ter os loucos como inimigos do poder não deve ser lá muito saudável.

O silencio é a própria paz, e a paz se faz no silencio, na ausência da guerra e da violência são eles quem ditam, necessitando um à um de cada um o que torna isso uma corrente ou um círculo e infinito, a predominância sempre é tida pelo mais forte, logo não há como julgar ser a paz algo de suma benignidade, pois se para tê-la à que violentar, a guerra é preferível por manter o equilíbrio
constante entre o opressor e o oprimido.

Quem é você? Credo e como chegou aqui?

Olhou ao redor com pensamentos paranoicos acreditando estar sendo filmado, estava sendo filmado. Após coçar a cabeça raspada e se perguntar como e quando tinha perdido os cabelos, percorrer com o olhar o cômodo estofado, perceber no canto do teto o almofado rasgado, conjecturar que algo o havia perfurado e que seria ele a terminar o serviço com os dentes caso se sentisse ainda mais em perigo, respondera:

Sou sua questão do que sou. Creio na loucura como aquela banda dos anos 70, as portas da percepção. Trouxeram-me pra cá, já posso ir?

Seu sorriso fora deposto ao olhar autoritário do interlocutor, que sem precisar dizer qualquer palavra, interpretou que quem dá as cartas é quem veste o jaleco com uma plaquinha escrita Dr. Não se preocupou em ler o restante acreditando que os nomes são irrelevantes, ainda mais quando se esta num manicômio. Se fosse sair dali algum dia não quereria ter lembrança alguma. Lembrando cenas cinematográficas, lambeu os lábios, engolira a saliva a seco e desempenhara:

Está bem, tá bem, vejo que não sairemos daqui se não fazer seu joguinho e não o ver como amiguinho que esta tentando me ajudar, peço encarecidamente que me desculpe, por obséquio, perdoa-me vossa majestade Dr...

O senhor tem um modo peculiar de ver a realidade, infelizmente ela não é um filme, a verdade é que estou aqui de saco cheio, cansado, terceiro turno que faço pra pegar um dinheiro a mais e poder dar entrada num carro zero, já que o esporte é para os fins de semana e não é muito seguro deixa-lo no estacionamento desse recinto, parentes de loucos como você já explodiram um dos meus automóveis e tive muitos prejuízos, façamos assim, você finge que me ouve e eu finjo que você melhora, passará as tardes dormindo com a medicação que receitarei para ver se sai dessa paranoia delirante de acreditar que é o centro do mundo e o mais sábio entre todos, uns dias na solitária quando começar a ficar agressivo e de lá parcialmente aceitará a eminencia de permanecer pra sempre aqui.

Faz uns dias que não durmo, seria de bom grado recebe-los agora.

Olhando o teto entro em um universo paralelo, pigmentos coloridos designam estrelas, talvez até mesmo planetas, meu eu então se dispersa apesar de meu corpo permanecer estagnado na física, deitado inerte na cama. Minha consciência adquire ciência concisa. Brisa. Frisa. Verdade, realidade, ilusão e mentira. Zumbido é o som audível. Uma dor na mente vem aflorar na pele, levo as mãos à cabeça, o que faço aqui? Olhando o teto entro em um universo paralelo, pigmentos coloridos designam estrelas, talvez até mesmo planetas, meu eu então voa apesar de meu corpo permanecer estagnado na física, deitado inerte na cama. Minha consciência toma ciência concisa. Brisa. Frisa. Verdade, realidade, ilusão e mentira. A realidade dita não me convicta, entro em mundos, voo plano sob os pensamentos, os devaneios são intensos, ouço vozes indistintas, quando me percebo não me pertenço, sou sem ser. Abro os olhos, o branco do cômodo enclareia a escuridão aos poucos, sinto meu corpo formigar, ao me levantar deparo-me com o Doutor ao pé da cama á velar-me. Esta de costas com o rosto virado para meu lado, cutuca minha perna com o indicador tentando provar pra si mesmo se estou vivo, ao me contrair para trás em recusa e assombro falo sem pensar e sem ser ouvido: onde estou? Esfrego os olhos e percebo-os molhados de lágrimas, uma dor derivada de um nada, passo então a dar risada, lágrimas de desespero, risadas de tristeza, o que fiz comigo mesmo? Preso num medo sem sentido, vivendo sem motivo sem saber o que preciso, admito que sou esquisito, excêntrico e maluco, essas paredes não isolam meu sofrimento o máximo que podem é deter vontades, não asseguram a sociedade por eu estar aqui dentro, violenta minha liberdade e sanidade; ou as tentativas da mesma.

Os dias vêm morrendo nas horas até tornar noite, e as noites nascem nos dias.

A percepção dos momentos é aturdida, confunde-se ás expectativas oriundas de diagnósticos não prescritos, o estudo da mente e do ser, o que fazer?

Levanto então, sentado á beira da cama o doutor fala tentando suavizar a tensão, Estas a cumprir um desígnio que o acaso se pôs a direcionar-te, é o que faz aqui meu filho, deixe de ser idiota e levante- se, temos muito por conversar. Por conversar, por com... Vencer... Conta... Hábil... Habilidade... Age... Atroz. Vozes... "Volte para o seu lugar!" Depois da fresta tem festa, venha, entre, só um pouquinho... Sangue... Sou... Sonolento... Que sono, hummm. Gelatinas! Oras mas nem é de morango! AH! Ahhhh. A. Ases, trinca deles, trinta! Truco! Hahaha. Há...... há.....

há.... eu hein. Levantei-me.

Bom dia Claustrofaudo Nunes, digam bom dia ao Claustro, podemos chama-lo assim? Pode sentar- se, apresente-se e diga por que esta aqui.

Bom. Bombom. Bom dia. Risos.

Claustrofaudo sofre de palavrões atrozes malignas senses, doença pela qual trataremos se não houver risos idiotas, respeitem o nosso mais novo companheiro. Continue Claustro, por favor.

Bem, benévolas bonificações bem fizeram ao que sou, o que vou dizer não deveria ser dito por isso vos digo, umbigo é um bingo bem visto que vem vindo sozinho, é... Descalça, descaso, não! Desculpe! Desvirtuaram-se em mim frases faladas, você fala.

Claustro, não se acanhe. Não desanime, tente, vamos...

Bolas, oras... que como falo... TEM HORAS QUE FALO! Mas hoje não! Hoje não! Hoje não!

A frustração eminente da tentativa de prover algumas palavras e explicar á que veio é percebida por todos, por todos que tem algum juízo pelo menos e que ainda saiba interpretar conscientemente alguma porcaria, abaixa a cabeça diante a vergonha e reprime a raiva por ter sido, segundo suas sobrancelhas serradas, alvo de chacota.

Silencio perpetua-se ao olhar curioso da doutora, prefere fitar o nada como que recolhendo as palavras jogadas ao ar, sente-se insegura ao desviar o olhar para a saída á procura do que seria dito, mas não diz. Não recrimina e não incrimina ninguém, respeita o ato, porém condena o barulho alertando que se houvesse outra vez a sentença não seria branda. Como crianças desdenhosas resmungamos qualquer asneira que á recebe com um sorriso nos lábios, entende que ainda tem nosso respeito.

Coloquem-se em círculo, sentem no chão, tentemos meditar, o que acham?

Não precisaria perguntar, seus pedidos encaramos como ordens. Tão menos proferido estavam todos ao chão á espera da próxima tentativa de mantermo-nos um pouco mais humanos, já que era uma das poucas profissionais que o conseguia.

Lúgubre é o infinito das horas que pelo tempo passa, não apenas as corriqueiras manias de insatisfações perante a vida, nem somente e isso já seria suficiente o consentimento da vida ser o que é, dor. Só o que há. E não mais por racionalizações banais acerca dela mesma, o que é sentido passa do abstrato ao material, como que dilacerando a carne, no íntimo, no mais profundo limbo a dor de se estar vivo, a dor de não ser correspondido, seja nas ideias, nos sentimentos, na dúvida e nas certezas, o que se faz por recíproco? Nada. Incompreensão oriunda de si mesmo à priori faz-se questionar a própria sanidade e materialidade, perde-se noção do tempo, em determinados casos até de espaço.

Como   agora.   Aaaaaaaaaaaummmmmmmmmmmm. Aaaaaaaaaummmmmmmmmmmmmmm.

A determinação de estabelecer a ordem no caos do universo que existe dentro de si mesmo é um caminho sem volta.

Aaaaaaaaaaaummmmmmmmmmmmmm. Namaxibai.

UmmmmmmmmmmmmmmmmmmmmmmNamaxibai Namaxibai UmmmmmmmmmmmmmmmmNamaxibai.

E ter-se a capacidade mental de reconhecer no que a mente se corrói não é agradável. O desespero é eminente e as vontades todas se perdem. Aceito que sofro por uma necessidade aquém, de outrem, o que é pior, pois seria muito fácil ser pleno de si mesmo, dono, mas não, preciso ater-me ao que não posso arcar, desdenhar da autonomia e pedir pelo próximo o que a mim não se tem. Conciliar   afetivo quando muito tempo só. Intelectual quando se esta num nível acima do potencial social, até mesmo cultural e artístico quando se vê no mundo as corriqueiras estruturas hierárquicas e os muros que defendem as tradições e origens. Aqui estou eu, sabendo o porque de se estar aqui. Ou não. Talvez meu caro, você seja realmente maluco, com quem esta falando agora? Diga-me? Consciência?

E aquelas férias em Bermudas? Caipirinha boa tem no Rio

de Janeiro. Sol pra caralho. E aqueles desenhos? Tem desenhado? Só o vejo escrevendo como que isso lhe fosse permitido, não viu a advertência?

Vejo que o Doutor não me deixa mesmo em paz, Que faz? Passando apenas. Precisa de algo? Esta tudo tranquilo?

Até demais. A tranquilidade e a paciência junto a paz e os comprimidos faz qualquer um julgar a si mesmo, entrar no mais sombrio dos pensamentos, remexer o passado, reencontrar o que se estava perdido na memória, tem sido assim ultimamente. Acho que tudo o que encontro no passado esta perdido.

Resgato mas é insolúvel como líquido. Vão, pra quê se não há o porque? O propósito se perde na razão e o encontramento colapsa a emoção e aos poucos tudo vira nada o mesmo nada. Mas que nada, tudo tem mais que o nada aliás, analisando a fundo chegou-se no fundo, do poço, abismo inferno ou sei lá que diabos, afinal anjos não teriam lá embaixo, demônios dos mais renomados e feios que entediados sobem pra cá a procura das mentes ociosas para fazerem peripécias com a sociedade, malditos são e muitos também, loucos aquém, há que tomar cuidado, remédio, deve estar na hora, porque esses pensamentos não são saudáveis, acho que não, pense só: solidão. Pense isso: sozinho. Ficará nos corredores rapaz e rapazes. Religião, política e cultura, psiquismo, materialidade e cafés com leite. Junta tudo e a loucura determinará seus passos.

Acho que a loucura é a normalidade, todo louco deve achar isso, se não acha ao menos já pensou e passou por isso, parece estágios de consciências, quando se eleva demais acaba perdendo-se, então achar qualquer coisa nesse universo imenso da percepção é um avanço, mas se a sociedade esta preparada pra tal ser e saberá acolita-lo aos demais é uma obviedade digna daqueles parasitas pseudo-pensantes, dos quais não designaremos nomes, não por medo, nunca, mas pela etiqueta, usar palavras do mais baixo calão é produzir prolixo e enjoos desnecessários.

A sociedade nunca esta preparada para o novo, sendo ideia, cidadão ou mesmo um cão revolucionário, atentam-se à matar. Exterminar. O que esta vigente à de ser eterno e burocrático, sinônimos e redundâncias agente vê por aqui senhoras e senhores.

Que dia é hoje?

Bom dia.

Remédio.

Passos.

Remédio.

Gelatinas.

Que dia?
Foi-se

Hoje é ontem

E ontem o que é? Hoje o ontem foi-se, hoje o hoje não tem ontem.

Anteontem...

O hoje é ante o ontem

Obvio

Viu? Passou a mulher do lado. Vizinha do meu quarto. Não quero falar dela, só enche o saco, todo maldito dia a mesma história, queria poder dizer-lhe que a vida minha cara, é uma grande... quem sou eu pra dizer-lhe qualquer coisa? Nem bom dia, desejar-lhe isso é um insulto, aqui o que tem de bom é a gelatina, e nem são todos os dias, e vezes noutras de morango então o que poderia dizer- lhe? Acorda. Enforca-te ou use-a para sair daqui, destruindo a janela lá do fundo, amarre-a na grade, desça para o jardim e corra sem olhar para trás, alguns já tentaram, não ganharam nada senão dias e noites na solidão dos antidepressivos, na solidão da solitária, maus tratos, tratados como ratos, comendo a própria merda já que comida para aqueles tentam a fuga é proibido. Deve ser melhor do que contar a mesma porcaria de historia entediando os interlocutores.

Tem doenças que não tem nexo existir, seja pelo motivo que for. A cura de uma acarreta noutra, as reações adversas as vezes são piores do que a doença em si.

Em si, nota; esta a cura.

Toca essa viola aí maluco, não tem até segunda, estamos aqui o tempo todo. Não tem até amanha. Dizer isso é um ato prepotente. O amanha só pertence ao deus e qual se hão tantos? À eles sim, nada podemos esperar, são os maiores dos prepotentes, insanos solitários que querem ser lembrados, glorificados, vangloriados, amados, idolatrados e pra isso usa de seus superpoderes já que a razão humana profana vossos mandamentos, usam então de seus artifícios incomuns tão comuns por que o homem é a semelhança dos deuses, razão pela qual há sangue, destruição, chacinas e a própria morte onde cá vivemos nossos dias tediosos e miseráveis, com as incertezas absolutas e certezas duvidosas. Não haverá mais até amanha ou até um dia. De hoje em diante é apenas "até logo agora" ou até agora!!!

Proclamação aclimada no centro das atenções e do salão principal. Hora do remédio.....

Seu remédio senhor. Agradeço

De nada

Até amanha...

Mas hein?!!!

?!!!

A grama verde em formato triangular sob a terra marrom e molhada pela chuva incolor floresce para o olhar que percebe as cores, tudo tem cor, a chuva não, não a chuva, mas a água, a água é incolor e tem um sabor de insabor que não existia até agora, insabor... tantas palavras e temos que ficar inventando mais. Alias é saborosa a água, mesmo que não tenha sabor, rodopia-se lentamente olhando para as nuvens carregadas e negras com a boca aberta à espera dos pingos da água da chuva que tem um

71

sabor de insabor diferente da que nos dão para acompanhar com o apetitoso remédio de curar loucura, que por sua vez não se assemelha ao da torneira da cozinha ou da cantina, se é que haja cantina por essas bandas. Galões e galões de águas de ribeirões e valetas, fontes e vales, rios e riachos... sabores que não existem que se divergem um do outro, insabores... vindos do mais remoto continente, de lugares que nem imaginamos que existam, que talvez jamais visitaremos. Água de Marte deve ser vermelha, de Vênus só vendo, de Plutão que deixou de ser planeta para servir de mineradora deve ter um gosto nuclear. Poderia cair uma estrela enquanto espera-se os pingos da chuva. Poderíamos mudar tudo não fosse a ganancia e o egoísmo.

Prenderam-me aqui ou estou por querer estar, fisicamente preso e conscientemente liberto para ser. Que tu és?
Louco da imortal loucura, palavreando o poeta. Por que tu não és o poeta e palavra a si mesmo?
Porque eu prefiro abrir a boca para capturar a água dos mais longínquos céus que o universo proporcionou, viu? Por isso não sou poeta, as palavras quando eu as profiro soam redundantes e idiotas, se escrevo não pode, assim acabo por cometer os mesmos delitos e me sentir um criminoso assassino da gramática e das regras imbecis impostas.
Elas foram feitas para manter a ordem, caso contrário seria anarquia.

Anarquia seria se fizemos ser cada um o ser que se é, não o que querem que sejamos e pra isso não precisa que as leis não existam afinal cada um tem um condigo moral à que seguir e isso já é o suficiente, arcar com sua consciência é o suficiente, se ela é medíocre tal como você o acarretamento é de sua responsabilidade.

É uma ameaça? Sou.

Há uma dor oriunda do ser, vinda do mais profundo limbo, um labirinto estreito e sem rumo, me guio agora, tudo é macabro e o suor frio desce pelas minhas têmporas, o arrepio corta a espinha dorsal, vozes indistintas soam silenciosas em murmúrios inaudíveis e gritantes, angustiantes, gritos que antecedem o estopim de sangue e morte. Trancafiado em minha solidão os sentidos todos anulam-se numa tristeza profunda, aos poucos a eminencia da vida vem falar comigo, espreitando e rindo como hienas no cio, devorar-me-ia, essa carniça putrefata que sou. E ri... como se... me fizesse medo sentir. Aguardo ansiosamente e isso vem me deixando cada vez mais neurótico e impaciente, já não me receitam nada, só cigarro, o cigarro corroí as vontades saudáveis e me sinto podre por dentro, por fora uma casca que inútil vai morrendo a todo momento, células mortais, pele envelhecendo, já não tenho mais nada do que pensar. Meu cérebro atrofiará, morrerei. Se já não estou. Enquanto não sou, serei um nômade, andarilho de um destino incerto, percorrendo a insanidade, beirando a morte, ludibriando razões, enganado pelas emoções. Bela bosta tu tens alcançado meu senhor, disse minha própria bosta fedendo no chão. Quer saber? Vou tentar morrer.

Não morri pois não tentei. Não existe tentativas de morrer, ou você se mata de uma vez ou para com essa merda, como dizem por ai, as bostas e as moscas: aquele que quer morrer já não esta aqui.

Zumbido doido.

Fala pra mim, tá certo isso? Falar com moscas e bostas e achar que pode sair daqui são? Sem remédios, sem esperança, o que passa pela sua cabeça? Enlouqueceu?

Depois o louco sou eu, que diabos é esse lugar? Sua mente.

Suavemente. Te destrói.

Os sonhos dominam a realidade na medida em que a fé perde a razão, mesmo que não haja fé nela mesma. Enquanto acreditar que o ilusório faz parte do real, viverás mentindo pra si mesmo, sofrendo por tentar fazer outros acreditarem no que acredita, nada é absoluto, principalmente ao tratar de humanos, cada um tem o conceito do que é ou não, sempre haverá manipulação seja em qual meio for para manter a ordem, ao cruzar a linha entre a margem e a sociedade perder-se-á, pois depois da margem nada é sistematizado, pode-se dizer que é um caos organizado, são os trilhos de sua mente percorrendo estações de consciências, parâmetros, panoramas, escalas, degraus de escadas, onde pretende chegar determinará a queda que terá ao simplesmente perguntar-se: onde estou? Há que saber onde se anda. Por isso pergunta.

Por isso és a questão do que se é. Infinito.

A questão que se é, é onde esta. Volta a si mesmo. Infinitamente.

Piui abacaxi. Sábia bosta.

Fede mas fala, isso que é admirável nas bostas e não fala merda, fala sabedoria insana, as redundâncias são divertidas, anula todo sentido e afirma ao mesmo tempo, ou não, já estou ficando cansado dessa merda, não da bosta afinal como já disse fala coisas bonitas e sábias, disso de ser engraçado, ou tentar, se isso te faz de palhaço pode ter certeza que faz. Mas só riem de você e não para você. Todos mentem pra você. Eles tem medo de você. Você devia morrer, nem devia escrever. Essa bosta tá lastimante a cada minuto, tá começando a feder e ninguém vem me dar um refrigerante com cubos de gelo e guarda-chuvinhas com aquela fatia de limão charmosa. Gelatina já encheu o saco. Essa bosta é a mistura de tudo que sou. Não devia lastima-la tanto. O amor-próprio parte daí, quando passamos a admirar as coisas mais degradantes existentes, vendo de perto chega a ser ainda mais penoso, cheira horrivelmente, de fato. Manipular a bosta é uma tarefa horripilante, mas a textura é dócil.

Agora que limpei as mãos, como tirar das unhas? É uma tarefa que me arrependerei pelo resto da minha maldita vida, mas ao menos farei uma coisa que nunca havia feito. Levo uma das mãos à um palmo dos olhos, não a vejo definidamente, o escuro do recinto não permite olhadas para as coisas, a bosta via porque estava próxima à fresta da porta, mas minha mão pobrezinha não vejo. De todo modo tiro da unha de um dos meus dedos uma lasquinha que permitirá o trabalho, uma a uma vou limpando-as esperando o almoço chegar, se ainda sentir fome.

A consciência consiste basicamente em perceber-se materialmente onde se esta. Permite-se vislumbrar o universo num estado pleno, sem sair do lugar, mesmo que estejamos presos num ambiente fétido e solitário, e os pensamentos se confundam entre paranoias e alucinações, discernir o real é o que a materialidade prova, para provar temos que sentir e para sentir havemos de tentar ao menos destruir essa maldita porta de ferro no soco.

Mãos pingando sangue e a dor latente prova que estamos aqui, agora podemos voltar o olhar para o lugar que for, se é real fica a bom senso de cada idiota que ache o contrário.

A ala esta vazia, tudo é branco. O corredor da solitária emite gemidos agoniantes, os religiosos de seitas e grupos cristianizados diriam já: inferno meu bom homem. Foda-se você, foda-se a sua família, foda-se tudo. Somos escravos de um ser mitológico que deu a vida para fodermos com sua vida e de quem mais se atrever a questionar o que quer que seja. Mesmo que caiamos na vala da ignorância, que sejamos delirantes e hipócritas, nada alterará os mandamentos escritos com o sangue vinda da voz de deus. Ateus, pagãos que queimem nos pecados, que jazem na podridão, ninguém nunca nos alcançarão, perdão nem deus concede.

Inferno esta repleto de obscurantismo, não sei o que aconteceu, talvez fosse mais forte do que previa, a porta se abriu, se sou eu o próprio Lúcifer, queimaria todos a minha volta, mas não, supostamente sou um louco, de uma loucura extrema, lembrando do poema. Cruz, preparem os pregos, vejo a luz.

Era só um funcionário com seu aparato telefônico, mais conhecido como celular. Não gritou. Não riu. Não me ouviu. Estou completamente só. Estou completo de plenitude. Estou coberto de razão.

Estou completando as lacunas de um propósito do tamanho do infinito.

Estou completando as palavras de um caça-palavras na recepção do manicômio, fedendo mesmo, quem se importa? Há de terminar as horizontais, as diagonais é mais divertido plantar bananeira fazendo para que assim todos fiquem por iguais, horizontais e diagonais, todas horizontais, porque o horizonte é que deve se ter em mente, é o mais próximo que posso chegar de um.

As palavras são símbolos de linguagem, representação da materialidade. Forma-las forma-se um mar. E o horizonte dele. Era onde devia estar. Vendo o mar, sem palhaçada, não o Sr. Omar zelador desse inferno, mas o mar mesmo, com toda aquela água maravilhosa, o azul, areia, palmeiras, estrelas do mar pela praia, o horizonte infindável, a brisa marítima na cara, toda essa merda e só caminhar, caminhar... até avistar um tubarão e servi-lo de almoço, assim morreria bem feliz e contente também. Virar merda de tubarão não é pra poucos. Por enquanto preencho agora as lacunas de uma ficha de internação. Invento pessoas, endereços, idades, loucuras e todos riem. É divertido a beça. Coisa doida. É o que se faz por essas bandas. Mas nem por isso ache que aqui alguém vá se importar contigo, eles querem rir é da sua desgraça, como se fossemos palhaços. Pra não perder a piada conto outra e eles vão rir, sem saber se de si mesmos ou de mim, começa assim: Veja nas revistas, na televisão assista, os jornais já deram a noticia: periferia a grande oficina artística, mas não se iluda, pra cá não vem nada além de desgraça, pra lá as historias, os heróis, a luta, usurpados já. Passamos a vida toda sofrendo e o sofrimento não é de se gabar, se sofre porque se é e está porque não permite-se ir, pra onde for, os becos daqui, os escadões, quebradas e bocas, lá bulevar. Jardins e afins. Contamos nossas histórias para eles contarem dinheiro com nossas histórias. E a paz que querem é a submissão nossa de cada dia, precisam que soframos, escravos de uma cadeia alimentar política e social somos e estamos.

Não sabemos o que precisamos, quando o dinheiro vem, quando o suor da testa transforma-se em números numa rede bancária consumir é a lei. O descanso imobiliza as vontades políticas, o representante político de nossos interesses goza as férias duplas no ano e o salário imobiliza suas vontades políticas, o que fazem além de votar é votar outra votação, a burocracia encarrega-se do resto, nada acontece, a oposição rejeita, fim do processo, abre-se o processo da rejeição do projeto, infinitamente a repetição embrutece a liberdade, os sonhos aos poucos se esvaem, as manifestações são reprimidas e a historia é contada a favor dos ricos, o herói morre no final, fim da novela. Começa o jogo. E esta tudo bem.

Eles aplaudiram dessa vez. Ficaram sérios, cogitaram ser eu são.

Mas aí eu abaixei a calça e caguei encima da mesa. E tudo ficou em paz.
Teoricamente....

É triste a condição em que a sociedade se encontra, uma esquizofrenia acordada em apertos de mãos, assinaturas, até mesmo em páginas. O que isso faz de mim? O que isso faz da particularidade de cada um? Por mais que tenhamos que viver em sociedade somos todos sozinhos, vivendo numa escuridão onde a luz é a transição da vida para a morte, da física. A química ainda permanecerá viva até o corpo definhar por completo debaixo dos sete gloriosos palmos de terra, que por sua vez reintegrará ao o que desde o principio foi.

Cada ser é a soma do divisível comum.

Tal como deveria ser o que tento fazer e ser.

O egoísmo proveniente da ganancia capitalista, que não pode-se dizer ganancia já que o intuito é se ter a todo custo, faz da pluralidade divisória comum inexistente ou impraticável, havendo motivações acerca disso, combaterão a ferro e fogo, custe o que custar, usarão dos métodos mais desprezíveis para manter a ordem, já que os redentores da mesma são piores que carniceiros, canibais. Amantes de práticas esdruxulas, jogam com vidas como jogam os dados, aquém.

E minha cabeça permanece na guilhotina esperando o carrasco puxar a corda, e se não der certo tem uma corda para o enforcamento, se o pescoço aguentar tem metralhadoras apontadas e rifles de diversos calibres, canhão é imaginação, injeção eu tomo quase todo dia, se é letal é outra historia que ficará marcada na historia de outra historia da carochinha, seja lá quem for essa senhora, e pra ouvir toda ela tem uma cadeira elétrica de alta-voltagem novinha em folha vinda dos states, senta-se um pouco, relaxa tomando um bom licor envenenado, leva umas tomatadas na testa já que o espetáculo não tem humor e qualidade alguma e morre-se, sem padre, sem perdão, sem dignidade, nada disso vá consigo, porém a memória fica e gerações virão cobrar o preço do ingresso.

É triste.

Esse chegou do circo faz nem dois dias. Maconha pra caralho, paranoia ambulante. O outro vejamos:
Concentro Comodoro. Bom dia Firmina. O dia da alegria, o dia da vida, prateleiras de pasta de amendoins por aqui. Que dia! Que dia! Fagulhas de pneus pois eu sou o deus dos ateus. Que maravilha! Que maravilha!
Esse aí tá melhor que eu.

Paralogismos cretinos! Disse a ele. E ele não disse nada, diga algo amor...
Essa ama o fantasma. Pulou da janela achando que fosse um prédio, bateu a cabeça e olha o estado, cabeça inchada, devia fazer um curativo, me aproximo pra ver a figura de perto, sem reprimir o riso... gargalhando... gritando.
Eu estou ficando louco! Aplausos!
Aplausos?

No meio do circulo, entre a cruz e a espada, tentando conter a loucura de um, ouvindo outro, vozes por todos os lados, eu rodo, rodopio, abro os braços, sou um helicóptero e ...
aplausos?

Guilhotina, metralhadora, espada e ... gelatina que não é de morango?
Solitária, bosta falante, caça palavras incompleto e... aplausos?
Tá bom.

Agradeço. Voltem sempre. Amanha, digo... Até.

As palavras soltas no ar viajam sob a terra, passa por prédios, pelas ruas, entra pelos bueiros, sobem até as nuvens, voam por entre os pensamentos das pessoas no calçadão da rua principal daquela cidade, confundem um pedido de cachorro-quente com casamento, vocifera na boca do mendigo, vira latido do cão, as ondas sonoras prolifera-se debatendo nos concretos, penetrando no chão, invisível como o ar, levadas ao vento chega onde estamos. Uma mistura de várias coisas entrando na mente minha transpassadas nessas linhas. Coisas esquisitas, coisas que não existem adjetivos, essas coisas vivem no abstrato, além mundo, coisa doida para os menos favorecidos, coisa poética para os poetas burgueses de merda, merda primeiro porque enfatiza o desprezo à casta pela qual anarquistas malucos tem se matado ao longo da história para exterminar, segunda merda, digo, segundo porque como no simbolismo da era ultra romântica e seguindo seus passos dá um "Tchan" na fonética e terceiro e não menos importante; a contradição esta instalada, pois não estão eles na merda, estão no mais alto dos prédios com vista para o mar ou para a droga toda da cidade, a merda, diriam eles, seria manter e organizar essa merda toda, o apartamento naquele andar, o carro esporte do ano, os filhos na escola do exterior, a mulher na cama e não na do vizinho. O status entre os que se dizem amigos, as coleções de cartões de créditos, os privilégios entre a prole. Vida difícil, ter de prender todo aquele que vá contra o estabelecido, tiram nossos direitos e inventam leis que os favorecem, casta inatingível, essas palavras que o universo trás soam a eles como um singelo carinho, uma lambida na orelha.

Queremos mais, queremos mais! Havemos de saber o que fazer para manter isso aqui ainda melhor, para nós obviamente. O povo se entretêm no sensacionalismo e é muito fácil tornar-lhes subversivos, uma matéria é suficiente num horário específico, não contentes, contamos suas histórias com nossos másculos, esbeltas e belos atores e atrizes, qual tu quer? Qual te excita mais? Não vem com essas ideias furadas, pra chegar aqui é preciso respeitar a hierarquia, novecentos anos passam rápido, nem se nota, diplomas, vistos, documentos, currículos, mais, mais, mais. Ter,

ter, ter, ter. Satanás, satanás é você, por tentar ser, eis a noticia na TV, nos templos religiosos, na rua, nas pessoas, a esquizofrenia acordada, matá-lo-ão.
Bip.

Dignidade exterminar, bip. There's no way, sir.
Todos seus acertos foram devidamente usurpados. Tome seus medicamentos, senhor.
Bip

Senhor, os medicamentos. There's no way sir.
Tome!

Bip, bip, bip, bip, bip!! BIPPPPPPPPP caralho, somos robôs sua ridícula imunda, vamos trocar o óleo?!
Segurança. Camisinhas?
Camisa de força seu palhaço depravado, volte pra solitária e morra. Ridículo. X
Que fim desprezível para meu dia.

Amanha ao meio dia sua dose de dopamina. Sua linda.
Faço o que posso.

Se apaixonou por mim? Nesse caso não estou louco. Desligue a televisão.